土に生きし土にかえらん

三恵社

書　佐藤浩子

土に生き　土にかえらん／目次

第1部

第1章

土に生き土にかえらん　10
学徒動員の想い出　12
私は十八歳の花嫁となる　14
産ぶ声　20

第2章

姑は明治の女性　24
短歌と姑の心　29
スクーターに乗れば　32

第3章

母のエプロン　36
父を偲ぶ　41
小さな家出　47

第4章

農協婦人部との出会い 50
石鹸工房のスタート 54
晴れた日に 60
寺の泉水 63
柿園の中の芝生 67
福寿草 72
吾子の瞳 74
私のバッグ 77
陽の当たる縁側で 81

第5章

長男の挑戦 84
ローラーを引く父と子 87
寄せ書 92

第6章

ふるさとは春の色 96
イヌフグリ草 99
金婚式のプレゼント 101
竹ぼうきの想い出 106

大きな声で 108
私の日記 110
今年もおろくどん 112
鏡に向き合ったら 114

第2部

第7章

しめ縄に想う 120
ジャングル風呂 122
ボールを追う 124
孫と子猫 127
鈍行列車の旅 129
東京の高校生の農業体験 131

第8章

臨機応変だよ 136
ベルギーのジャバキス一家 139
アラスカの女性ジョー 143
さよならベン 145

サルバドル夫妻 149
アレーとミゲル婚約旅行 152
コウモリの宿 154
ラージンの家族 156
童話の世界 160
スーさんの焼き飯 162
ベルギーのローラとの再会 164
ドイツの女性リサちゃん 166
ミャンマーの女性三人来る 168
礼儀正しいイギリス人カダン 172
花を生け私を待つマシュー君 175
上海の女性は江上さん 178
平和っていいよなあ 180

おわりに

卒寿を迎えた 184

発刊に寄せて 186

第1部

第1章

土に生き土にかえらん

令和元年

新春明けて一月十一日、私は満九十歳を迎えました。卒寿。よくもこの歳まで元気に過ごせてきた事かと今更ながら驚き、ただただ感謝の気持でいっぱいです。私は生まれつき身体が細くその上色白だったので病弱に見えていたらしいのですが、なんと元気はつらつ、卒寿を迎えました。私の生母は、二十三歳の時天国に旅立ちました。私は生後九ヶ月でした。顔さえ知らなかったのですが、天国に住む生母は私が小学一年生になる頃まで、よく夢の中で私の名を呼んでいました。「フサ子ちゃん」とだけでしたが優しい若い人の声でした。優しかった父、私をいつくしみ育てた継母。私は大きくなるまで継母とは知らずに育ちました。その母は優しさの中にも毅然とした態度で、子供たちの躾《しつけ》をしてくれました。大好きな母でした。

卒寿を迎える年になり、私は今までどれだけ多くの人達に支えられ生きてきたのだろうと、感謝の気持ちがふつふつと湧いてきました。幼い頃、生母に死に別れた私をたくさんの人たちが支えてくれました。喜びも悲しみも幾歳月という言葉を聞きますが、今まで九十年もの歳月、多くの方々から助けられました。私は本当に果報者だったのだと、今更ながら思います。生きていて良かった、本当に幸せでした。ありがとうございます。卒寿を迎えた私の心からの感謝の気持ちです。そして今は、亡き父からの教訓「土に生き土にかえらん」の心境です。

ひとすじに土と生きたるわが命
亡父に告げなん喜び合う日よ

学徒動員の想い出

昭和18年（回顧）

全員集合せよ。受け持ちの先生の声だ。女学校二年生の折だった。「えっ、私達明日から町の工場に勤労奉仕に行くんですか」「そうよ」と先生の言葉。毎日行くんですか、勉強は？　との問いに「週に一回よ」と言う。さらに聞くと、「今、男性達は皆軍人でしょう。町の工場、人手不足で困っているのよ、だから銃後の守りは私達女性の手で守ろう。と言う事なのよ」との先生の言葉だった。

ところが三年生になると「学業中止」の命令が出た。私達は学生服を脱ぎ捨てもんぺ姿で毎日作業所に通った。髪をひとつに束ねその上から鉢巻をきりりと締めた。鉢巻の中央には「日の丸」の印が赤くくっきりと押され、その両脇には学徒動員の印も押されていた。肩には救急袋と防災頭巾。なぜか私達は鉢巻をぐっと締めると心まで引き締った。そして友と肩を組み合って予科練の唄を声高らかに唄いながら通勤した。

その頃の私達の合言葉は、「欲しがりません勝つまでは」だった。そして大東亜戦争は聖戦だ、世界平和の為の戦だと信じていたのだった。だから私達は乙女心にも国のために役立っているんだ、と誇りをも持っていたのである。

その日、いつものように私達は友と肩を組み元気に通勤していた。と、澄んだ空にキラキラと光る編成機を見た。わあーすごい、日本にも素晴らしい飛行機があったんだ、と、友と大喜びで両手を挙げ振っていた。その時、地響きのような大きな音が響き渡った。それは近くにある軍需工場への空爆だった。私達はふるえながら皆で抱き合った。

数日後、日本は戦に負けたんだの報を聞き、信じられないと泣きくずれた。あれだけ、乙女心に信じた聖戦、神風はなぜ吹かなかったのだろう。

終戦となり、学校が始まった。困ったのは通学用の靴が店に全くないことだった。私たちは裸足通学を余儀なくされた。当時、いたる所で道路舗装工事がおこなわれていた。どろどろの液体が道路に流されていたので、私たちは、仕方なく道路脇の草むらを歩いて通った。しかし、時として草むらにも液体がかかっていて私たちの足の裏はヒョウのような斑点が出来ていた。洗っても洗っても落ちないので、友と笑いながら教室に入った。そんな思い出も今は懐かしい。

私は十八歳の花嫁となる

昭和21年（回顧）

終戦だ。集落は悲喜こもごもながらも活気づき始めていた。そして至る所で結婚式も挙げられていた。今日は七月七日、七夕祭りの日だ。私は小鉢を抱え、ハス田に出かけた。ハスの葉にころがる露を集めるためだった。七夕の硯《すずり》の水に使うと願い事が叶う、そんな諺《ことわざ》があった。ころころところがる露を上手に集めていると、「七夕の露取りかい？」の声に振り向くと叔父だ。叔父は青竹をかついでいる。最近復員して来たばかりだった。青竹は何に使うんですか、と問うと「物干し竿にするんだよ、この時期の青竹の質が物干し竿には一番いいんだよ」と叔父は言った。私は大好きな叔父と肩を並べて帰った。弟妹達は私を待ちかまえていたのか、小鉢を受け取ると大喜びで墨をすり短冊に願い事を書き始めた。そしてそれを笹の小枝に結び吊るしている。私は何を書こうかな、と考えていると母の呼ぶ声「お客様が見えるから早く着替えるのよ」と言う。誰が来るんですかと聞くと、「遠縁の息子さんよ、復員の挨拶ですって。」

私は、このままでいいでしょう、と言うと、母は「駄目、この服に着替えるのよ」と言って真新しい花柄のワンピースを差出した。それは当時の衣料切符では絶対買えないような代物だ。母はきっとお米と交換したのだろうと思い素直に着替えた。良く似合うよ、素敵だよ、母の笑顔がまぶしかった。サラのワンピースを着るなんて何年振りだろうか、蝶にでもなったような気持ちで私は舞いあがっていた。と、彼が来た。ラバウルから帰還したばかりだという。陽焼けした顔に人懐っこい笑顔が印象的だった。幼稚園から帰ったばかりの妹が彼に踊りを披露すると言う。

私が唄って妹が踊った。彼は大喜びで拍手をおくっていた。母はせっせと釜ゆでうどんをこしらえている。彼は無類のうどん好きだ、と母は言う。何故知っているんだろう。お給仕する私に彼は「お世話になります、有難う」と小さな声で、はっきりと言った。弟妹達はなぜか彼のそばを離れない。気が合うと言うのか、優しそうな彼を好きになったみたいだ。

彼はその夜おそくまで両親と語り合っていたようだ。彼は海軍の航空兵だった。このまま兵役で暮らすつもりだったらしいが、年老いた両親のため農業を継ごうと本気で考えている事を私の父に語っていた。それからの彼は、農業の研修生として父の元に通い始めた。そして彼の友人達も時折通うようになっていた。

父は良く彼等に語っていた。「国破れて山河あり」と。農業は素晴らしいよ、一緒にやりましょうと励ましていた。

彼は中古の自転車に乗ってほとんど毎日来ていた。自転車を踏む度にガチャガチャと大きな音を立てる。弟妹達はその音を聞くと彼を迎えに出た。来る度に彼は「僕が読んだ本だけど」と一冊の本を私に渡した。いつしか彼は家族の一員のようになっていた。ある時、父が私を呼んでいる。部屋に行くと、出し抜けに静かな声で私に言った。「彼の嫁にやる事に決めたよ」と。私は父の言葉に驚き言葉が出なかった。

父のあのような重苦しい言葉を私は初めて聞いた。父は私の肩に手を置いて静かに言った。「彼はお前を幸せにする青年だよ」と。そしておもむろに言った父の言葉が忘れられない。「娘の幸せの為に親はときとして獅子のようになり、谷底にでも突き落すような決断をしなければならない時があるんだよ」父は私にきっぱりと言った。

でも、今までの父は私に農家生活は無理だ、と言っていたのだ。私は幼児の頃、ひどい凍傷にかかった。父の知人の医師が人力車で毎日往診してくれた。その時、医師は右手の指切断を考えていたほどひどかったようだ。切断は免れたが右手の指は不自由になった。しかし、私は両親の庇護《ひご》のもと素直に育った。ペンも箸も使えるが右手の格好悪さは仕方ない。右手では鎌や鍬がぐっと握れない私。父は私の右手の事を彼に語ったであろう。父は彼を心から信じていたのだろう。私も信じよう大好きな父だもの。と、心に決めた。

いつものように彼は来た。いつものように彼は一冊の本を私に手渡した。ふと、本に挟まれた封筒を見つけ、部屋に駆け込み封筒の中の紙片を取り出した。「承知してくれて有難う」たった一行のプロポーズだった。だが、その達筆には驚いた。

それから数ヶ月、両家で私達の結婚式の日取りが決定された。あれよあれよという間に挙式だ。早朝、我が家に美容師が二人来た。そして私の髪に「かもじ」と言う長い髪を足し、あっという間に文金高島田を結いあげた。鏡に映る自分の髪型におどろき、部屋を抜け出した。我が家の横を流れる小川に立った。満水の小川をそおっとのぞくと島田が水面に映っている。私は大急ぎで部屋に戻り画用紙を持ってきてスケッチを始めた。と、母の呼ぶ声「どこにいるのよ」大声である。「お友達が来る時間だよ」。外庭に出て来てまた呼んでいる。母は小川のそばにいる私を見つけたが、その手に画用紙を持っている私に言葉がなかったようだ。

友人達が揃って来ていた。田舎では、お別れ会の事を「かねつけ」と言っていた。友達が集うと楽しくて、お別れ会なのにおしゃべりの会になってしまう。私には、まるで花嫁人形のようだよ、と言ってはしゃぐ。友人達は皆で飲んで食べて意気陽々として帰って行った。

結婚式は当時、婚家で夜の間に行われていた。迎えのタクシーが来た。親戚一同乗り込んだ。が私達の乗る大型タクシーが来ない。その車には花嫁の私と両親が乗るはずだった。結婚式は日付変更となった。ふっーと友の語った言葉を想い出していた。彼女の結婚式の夜もタクシーが来ないので村の青年団に依頼してリヤカーに乗って婚家に行ったとの事。隣町が嫁ぎ先だから良かったと笑っていた。

そんなわけで、私達の結婚式は午前一時から始まり、祝宴は夜が明けるまで賑《にぎわ》った。翌朝は集落の人を招待しての披露宴だ。私は姑に連れられ氏神様に参詣だ。拝殿に額《ぬか》ずいていると、夫が息せき切って石段を駆け登って来ている。袴の裾をからげ大声で叫んでいる。

「おっ母様！　結婚記念写真、この境内《けいだい》で撮《と》りたいんです」と。姑はその言葉に驚き私を放って駆け出した。私は、ぽかんと立ちつくしていた。境内は急にあわただしくなった。椅子を運ぶ人、敷物を用意する人、美容師を呼ぶ人、カメラマンもフル回転。花嫁を見よう、と参道に待機していた人達も境内に集って来た。賑やかな記念撮影となった。

そして当日、私には夫の両親から、やさしい気遣いの言葉を貰った。それは年若い私のため、向う一年間は実家での花嫁修業をして下さい、との言葉だった。私は夫の両親の温かい心が身に沁みて嬉しかった。その間、夫は一年間通い夫であった。

一年はあっという間に過ぎた。婚家の両親は喜んで私を迎えてくれた。が、この家の静かさは何だろう。弟妹たちに囲まれたあの明るい雰囲気はどこにもない。あてがわれた私たちの部屋に行くと、机の上に松田喜一著の『農魂と農法』が私を待っていた。ふと鏡掛けを見ると、私が必死で刺繍した鳳凰《ほうおう》が私に声をかけているようだ。「さあ元気を出して飛び立とうよ」と。

だが、生活は一変した。蛇口をひねると水道の水が出る生活は、つるべ井戸の水汲みに変わった。鎖にしがみついて必死で水を汲む。バケツに移し炊事用の甕《かめ》に水を溜《た》める。ここでの生活はまるで明治時代のようだった。食事の時「箱お膳」を渡された。箱の中には、箸、茶椀、汁椀、皿が入っていた。家族は箱お膳を囲んでの食事だった。

父は私に言っていた。忍耐と言う字を知ってるか、忍は心の上に刃と書く。みだりに心を騒がせると、刃が心臓に突き刺さるよ、忍耐とは厳しいものだ。心得ておくとよい。

私は若かった。若さって素晴らしいと思う。素直に婚家のしきたりに従うことができたからだ。

産ぶ声

昭和23年

吹く風が心地よい、私の出産予定日も近づいた。当時の田舎の風習では初産の折は実家での出産が習わしであった。予定日一ヶ月前になると私は姑《しゅうとめ》に言われて実家に行く事になった。二人で歩いて行こう、と姑の言葉。えーっ歩いて行くんですか、と思ったけど、朝の涼しいうちに出かけたら大丈夫だろう、と言う姑の言葉に素直に従った。実家までの距離は六キロ程だ。身重の私には道中の事が気がかりだったがなんとか元気よく歩いて行けた。

実家に着くと親戚や隣組の人達が集って祝膳が用意されていた。「えっ、歩いて来たんですか」と集っていた人達は驚いた。姑は、笑顔で皆に語っている。元気よく歩いて来たんだ、元気な男の子が産まれるだろうよと。姑は皆に囲まれ嬉しそうだった。

実家での生活は弟妹に囲まれて単調だが穏やかな生活が送れた。私の分娩室にと、両親は奥の部屋を準備してくれていた。この部屋で産着や赤ちゃん用のふとんを作ったりと気ままに過ごせた。私はこの部屋が一番好きだった。出窓の下には小川のせせらぎが聞こえ、道路のそばは一面の稲田である。さわさわと涼風を送ってくれる、そのすがすがしさは何とも言えない。

出産の準備もほとんど整った。ふと気付くと、新しく張り替えられた襖《ふすま》の単調な白さに気づいた。私はこの部屋で吾子と過すのだ。では、この襖に絵を描こう。思いついたらすぐに実行したくなる私である。私は硯と墨を準備した。数日前見た新聞折込みの絵を思い出した。鯉の滝のぼりの絵である。「決めた！」そして直《じか》に襖に向かって筆を執っていた。いつ出産があるか気もそぞろだったが、私は筆を執り一気に描き上げた。岩を砕き勢いよく流れ落ちる水しぶき、その滝に向って登ろうとする鯉の雄姿、尾びれの跳ね具合など我ながら上手に描けたなあーと、嬉しくなった。ながめていると父が突然部屋に入ってきた。父はびっくり仰天「この絵、お前が描いたのか？　凄いなあ！」と驚きの声を発し母を呼んでいる。母は「産気づいたの？」とあわてて部屋に入ってきた。入って来るなり、「たまげたあー、産まれる子は男の子だよ」母はきっぱり言って、ほっとしたようだった。

吾子は中秋名月の夜に誕生した。男児だった。私が嬉しかったのは細い身体なのに母乳があり余る程たっぷりあった事だった。

そして我が家（婚家）では、四代目にして初めての男児誕生だった。両親の喜びは更に大なる事のようだった。

吾子の名前を決める時、舅《しゅうと》は自分の名の一字を吾子に名付けて欲しいとの希望だった。舅の名は善次。その一字をもらい吾子は「善男《よしお》」と命名した。両親は本当に目の中に入れても痛くないような溺愛《できあい》ぶりだった。この家百年目にしての産ぶ声だったのだ。

私は産後の肥立ちも良く、やがて年老いた両親に代わり田畑や桑園に出て農作業に精を出した。そんな時両親は、入れ替わり善男を抱き授乳に連れて来てくれた。子育ての経験のなかった両親は、相当に面くらっていたのだろう。

特に義父が善男を授乳に連れて来る時の姿が風変わりだったらしい。義父は善男をまるで、お盆の上に寝かせるようにして両手で抱きかかえ私の処まで連れてきた。そんな義父の姿が微笑ましい、と村人達の間で評判になった。そして良くかわいがってくれる柔和なおじいちゃまだった。

私は吾子の誕生と共に、両親とも幸せな生活が送れるようになっていた。

あふれ出る母乳を吾子は呑みほして
祖父ともどもに笑みの明るし

第2章

姑は明治の女性

昭和32年

「フサ子っ」と姑が呼んだ。はーいと返事したけど内心びくびくしていた。また叱られるのかなぁー、と。私は姑の呼ぶ声を聞くと、なぜか身が縮こまる。姑は私を呼ぶ時も夫を呼ぶ時も名前を呼び捨てにした。

明治生まれの姑は寅年の故か気性は激しく、ぐずぐずするのは大嫌い。何事も率先して行い、そんな中で家を重んじ家族の為には骨身惜しまない人だった。コマネズミのように動くとは姑にぴったりの言葉だった。小柄の姑にあのようなスタミナがどこにあるのだろうかと不思議に思った。毎朝、姑は食事を済ませるとすぐに作業着に着替え田畑に行く。私は姑に遅れないように必死でついて行く。その為私は食事前に使用した鍋、釜等はきちんと洗い所定の場所に置いた。食事が終わったらすぐに出発できるよう、姑に遅れてはと必死だった。

当時の嫁は早く田畑に出て働く事が良い嫁だと評判も良かった。姑は私に言っていた。「家の掃除は雨が降った時にすればいい」と。当時の農作業は肉体労働でどんなに働いても能率は上がらなかった。老いた両親の農作業は明治時代そのもののような農法だった。実家では父が肉体労働軽減のため、改良農機具を考案したり、また新しい農機具を購入していた。我が家と実家との農作業は雲泥の差があった。だが私は若いという事で随分得したようだ。それは、結婚とは嫁いだ家の家風に従う事だと、抵抗もなく姑についていったからだ。そして良い嫁になろうと努力する事も惜しまなかった。

姑は話し好きだった。よく語り、しばしば自分で相槌《あいづち》を打った。「あのなぁ、そうだろう、うん」などと。そして姑は機嫌の良い時は想い出話を私にしてくれた。

良家に育った姑がこの家に嫁いで来た時は戸惑う事ばかりだったと言う。若い頃、祖父と連れ立って山の仕事に行ったそうだ。祖父は長鎌で雑草を刈り杉の木の枝をはらっていた。姑も教えて貰い必死でやってみたが出来なかった。夕方の帰路には、杉の木の薪用を馬の背に積んだ。馬の手綱をとるのは姑だった。初めてで怖かったが一生懸命手綱を引いた。小柄な姑は馬の陰になり、馬だけ歩いていたようだったと近所の人に笑われたらしい。この事は実家の両親には一切語らなかったと姑は言う。姑も農家の嫁の宿命を甘受していたのだろう。

私も夫に誘われ山の手入れに行った。夫は長鎌で草を払い、私は笹を一握りずつ握って刈っていた。そんな時、竹の切り株が私の地下足袋を突き抜け足の裏に突き刺さった。帰宅した夕方から足がズキズキ痛み出し、夜通し足を冷やしたが化膿してしまった。夫にカミソリで切り「ウミ」を出してもらったが悪化して病院で手術を受けた。傷はすぐに治ると思っていたが、足の痛みは良くなるどころか歩くにも歩けない状態になった。また手術だ。その手術の時私は妊娠していたので麻酔は使えないと言われ、歯を喰いしばって手術を受けた。医師に傷が良くなるまで足を使ったら駄目だと言われた。足を使えば傷が固くなり「底豆」になるよ。その「底豆」を再度手術でえぐり取るようになるから、足は絶対使わないように、と厳しく念を押された。

私はまた松葉杖の生活となった。やがて麦刈りとなり、すぐに田植えの準備だ。一年で一番忙しい時期の到来だ。物わかりの良い姑も不機嫌になってきた。人並みに働けない私でも両親にとっては働き手の一人だった。気性の激しい姑は疲れるとその腹立しさをむき出しにした。物を取る音、置く音、足音までも激しく聞こえ口にも出すようになってきた。私の前では直接言わなかったが、外庭に出るとブツブツと声が大きくなり言葉になって聞こえてくる。

その時、姑の物を投げる音と同時に猫の悲鳴が聞こえた。「実家に里帰りしよう。足が良くなるまで」と、夫に相談した。しかし夫は私の頼みを蹴ってしまった。私は意外だった。夫なら私の立場を理解してくれるはずだと信じていたのだ。夫は諭すように私に言った。「老いた両親を置いて実家に行くとはどういう考えだ、足が不自由でも風呂ぐらい沸かせるだろう。田畑の仕事をして帰り風呂が沸いていたらどれ程両親は喜ぶのか、その事を考えて欲しい」と。私は松葉杖を頼りに台所に行った。南瓜が一個、籠の中にあった。お昼に煮ておこうと、水甕のそばに立ち片手で身体を支え南瓜を洗った。その南瓜を布巾に包み台所に持って行き切った。厨《くりや》に行きクドに鍋をかけ、水甕の水を汲みに行く。身重になった身体を必死に支え今度は薪を取りに行く。流し台、台所、厨と田舎の家は広い。「無理するな、足を使うな」と言われても仕方ない事だ。「また手術になりますよ」との医師の言葉が脳裏をよぎる。

水稲の生長は著しい。両親と夫は田の草取りを始めている。稲の生長と共に畦草も繁茂する。夫は、「畦草刈りなら這ってでも出来るだろう」。そう言うと私を自転車に乗せ稲田に連れて行った。私は畦草刈りは初めてだった。「切れる鎌を用意しといたよ」と二本手渡す夫。

私は教えられた通りせまい田の畦を少しずつ刈って行った。姑は広い田の畦を刈っている。朝のうちは涼しいが陽が昇るにつけ太陽はギラギラと照りつける。汗は拭いても拭いても流れる。木影一つ無い水田。喉の乾きはツバも呑み込めない程だ。姑は黙って草を刈っている。我慢しよう、辛抱しよう。陽が昇ると草はしおれ、鎌は切れない。ふと頭を上げると姑の姿が見えない。

姑は黙って帰ったのだのだろうか。私は泣きたくなった。迎えに来ない夫をうらんだ。石垣のそばにしゃがんだ。涼を取ろうと思ったが駄目だった。風が当らない分、余計暑い。その時だった。姑の声だ「冷たい茶持って来たよ、早う呑めっ！」。言葉は荒いが姑の顔は汗がびっしょり流れていた。姑の気持が身に沁みて嬉しかった。

駆けつけて早く呑めよと差出す冷茶
玉なす姑の汗に涙す

短歌と姑の心

昭和25年（回顧）

私は以前から短歌の勉強したいと思っていた。伯母は短歌を詠み、父は俳句をやっていた。そんなある日、新聞紙上で隣町の寺院で短歌会が開催されている事を知った。

その頃、集落では「農休日」が誕生していた。「月に一日、家族全員農作業を休もう」だった。そしてそれを皆で守ろうとの決議である。私は大喜びだった。隣町といっても短歌会会場までは我が家から徒歩で十分足らずの寺院だった。新聞では「昭和三十三年発足女人短歌『形成』の同人、佐野ときえ女史を中心にグループ誕生、全国水準をゆく」とある。

私は、姑の機嫌の良い日を見計って相談しよう、と思っていた。迷いに迷ったけどやはり言えなくて黙っていた。その日は農休日だ。午前中は全員集合の学習会だ。午後は自由時間だ。私は黙って家を出た。さすがに気が引けたが、もんぺを着替えて出かけた。

姑は遠くから近所の人達と見ていた。私は急いだ。我が家とは宗派の異なる寺院の門をくぐるのは初めてだ。我が家から寺院までは徒歩で十分位だろう。入会の希望を述べると主催者の寺院の奥様が快く受け入れて下さり奥の部屋に案内された。会員の中には女性の姿はなかった。飛び込んだ歌会の雰囲気は良かったが初心者の私には歌会のルールが全くわからず黙って隅っこに座っていた。ましてや持参した私の詠草など恥ずかしくて披露できなかった。学習会では作者の名を公表せず、詠草を皆で選考するのを聞いていた。はたしてこの方達と一緒に勉強出来るだろうか、と不安になった。恥ずかしくて身のちぢむ思いだった。勇気を出そう、恥ずかしいのは承知の上だろう。千里の道も一歩からと言うではないか、と覚悟を決めた。そんな私に会員の方達は優しく指導をして下さった。皆に励まされ、あるいはアドバイスを受け私は新しい社会の第一歩を踏み出した。

短歌会は毎月一回開催されたが必ず農休日と同日ではなかった。そんな日は残念だが欠席だった。しかし、冬場になると良かった。なぜなら冬の間は夫と山林の手入れ作業に行くからだ。山の仕事に出かける時、私はこっそり「着物、帯、足袋」等をリヤカーの荷台に隠し、山に持って行った。午前中は必死で働き、時間が来ると夫が「早く行けよ」と言って、着替えた私を送り出してくれた。私は大きな包みを抱え人に会わない小路を選び、山を下り寺院に急いだ。夫は私の分、精を出してくれた事だろう。周りが厳しければ厳しいほど私は雑草のようにたくましく生きる事を経験していた。

だが待てよ、姑が私のそんな素振りに気づかないはずはないと思う。姑はひと言も私をとがめなかった。姑は人にも自分にも厳しかったが、明治の女性の情けと優しさを持っていた。この姑に迷わずついて行こうと、私はこの時しっかりと心に誓っていた。

スクーターに乗れば

昭和27年（回顧）

ある朝のこと、姑が腹に据えかねたようにして、私にずばりと言った。

「スクーターに乗るのを辞めてくれないか」と。女が車に股がって乗るなんてみっともないと言う。姑は、最近それらしき事をにおわせてはいたが、はっきりと口に出して私に言ったのは初めてだった。私は、やんわりと姑に言った。「そうかも知れませんね、でも、お姑さん、私、股がっては乗っていませんよ、きちんと両足揃えて乗ってますよ」と。すると姑は「心配してたんだよ」と、ぽつんと言って離れていった。そう言えば、その頃農家の若嫁がスクーターを乗り廻《まわ》し田畑を駆け廻《めぐ》っている人がいると聞く。私も見た事はなかったが、気丈な姑でも世間体を気にしていたのだろうか。当時の私は本当に多忙な日々を送っていた。夫が、そんな私を見かねて両親に相談してスクーターを購入してくれたのだったが。

当時、農業の選択的規模拡大が推進されていた。私達二人は農業未経験者同士だった。両親は長いこと養蚕業をして来た。よし、私達も養蚕業に取り組もうと覚悟した。両親の養蚕業は、家屋で飼う養蚕業で私達は規模拡大に踏み切った。早速、隣町に一ヘクタールの土地を購入し桑を植え付けた。規模を拡大すると残桑が多量に出た。私達は残桑を利用して一頭の乳牛を飼育した。成牛になると牛乳がたっぷり出る。家族では飲み切れない程だ。集乳所に出荷しよう。だが、わが町には集乳所はなかった。で、隣町の集乳所に行った。我が家から隣町の集乳所までは十キロくらいあったが集乳所通いは私の仕事となった。

私が集乳所に行っている間に夫は乳牛の世話を切り盛し、田畑の仕事は二人で一緒にした。集乳所通いは楽な仕事のように思えたが大変だった。牛乳缶に積めた牛乳は三十キロほどあった。それをスクーターにどう載せたらいいのか、頭を悩ませた。集乳所近くの道沿いの人達は、スクーターで運んでいる牛乳缶運びは男だろうかそれとも女？　との声もあった。雨や雪の降る日は泣きたいほど神経を使った。道路はすべるし、前方確認も思うようにできなかった。しかしなんとか事故もなく牛乳運びを全うした。

その頃の私達は養蚕業にとっては最も大切な「稚蚕飼育所」を受け持っていた。県の指定でもあり、その責任は重大だった。姑が元気で三人の子の世話をしてくれたので大助かりだったが、当時の私達は不眠不休のような生活だった。養蚕家にとって最も大切な稚蚕飼育所を預かる私達。家の事、そして壮蚕室や広い桑畑と、私達は本当にフル回転の忙しさだった。そんな日々、スクーターは私の分身でもあった。

その頃だった。姑が風邪を引いたらしく食欲がない。私は姑をうながしスクーターに乗って貰い村の医者に連れて行った。もしかしたら「ガン」かも知れないが、ただ早期発見で良かった。しばらく様子を見ましょうだった。初めてスクーターに乗った姑は、私の背中に抱きつき、こんなに早く見て貰い良かった、有難う。と喜んでくれた。そしてスクーターって気持ちいいね、嬉しい姑の言葉だった。「お義母さん気分悪い時はスクーターで行きましょう。二人でドライブするのも良いですね」こんな会話が出来るのも嬉しい事だった。しっかりと私の背に抱きついた姑のぬくもりが、なぜか私は忘れられなかった。

第3章

母のエプロン

昭和43年

末の妹に縁談があった。両親が他界しているのでお見合の席に長姉である私が出席した。雰囲気は良く先方は乗り気で、私に是非お力添えをと依頼された。妹の気持ちを確かめねばと実家に行った。妹は二階から降りて来ない。私はカギのかかっていない部屋をノックして入った。妹は椅子に掛けたまま背を向けている。「乗り気ではないな」と直感した。妹は机の上の写真を見ている。私も写真を見た。あっ、と声をあげそうだった。妹が見ている写真は私の実母だ。声を掛けようと思ったが言葉が詰まった。私の実母は私が生後九ヶ月の折、他界していた、実母の名は、静子。継母の名は静江だった。その継母も、四年間の闘病生活の後、四十六歳で亡くなった。継母が亡くなった時、妹は小学三年生だった。妹は母との想い出は寂しいものだっただろう。

私と次女は結婚していて残された家族は父と弟、三女と四女の四人家族だった。更に父も後を追うように他界。妹が仏壇の中から探した写真が私の実母とは余りの不憫《ふびん》さに胸が詰まった。写真の裏には静子、二十三才とあった。

実家は専業農家だった。継母はいつも白いエプロンをかけ家事をしていた。農業は常時二人の雇用人がいた。年に一度だけ田植えになると親戚そろっての共同田植えがあった。主婦達は皆で話し合い、早朝から苗代田の早苗取りに励んでいた。母も皆に遅れないように気を配り苗代田に行くと皆黙々として早苗取りをしていた。愚痴《ぐち》を言った事のない母が私に言った。我が家におばあちゃんが居てくれたら私も皆と同じように早朝から苗取りに行けたのに。気丈な母だったようだ。

継母は私を実娘として育ててくれた。私も継母だと嫁ぐ日まで全く知らなかった。

継母は若い頃、叔父の営む歯科医院で手伝っていた。都会で生活した継母はおしゃれで、ハイカラさんだった。

私にも着物等いっぱい作ってくれ、洋服も都会の女の子のようにレースのついたシュミーズやパンツ。ボンボンのついた服、そしてビロードの紫色の靴等、私は小鳥になったような気持ちで母と出かけた。大好きな母だった。

ある時、広場で皆と遊んでいると年長さんが私のそばに来て意地悪く言った。

「あんたの母さん、ママ母だろう」「わーい、ママ母だあって」と言う。私はすぐに家に帰り母に告げた。母は洗濯の手を止めエプロンで手を拭き私の頭を撫《な》でながら優しく言った。「ママってごはんの事でしょう。美味《おい》しいごはんだよね。年長さんの母さん、きっと、おかずの母さんだよ、そう言っておやり！」と、言った時の母の手のぬくもりが忘れられなかった。母のエプロンの紐は背中できっちり蝶結びになっていた。戦争が激しくなり出征兵士を送る時、母は国防婦人会のタスキをかけエプロンを着て出かけた。長身の母の姿はひと際目立ち、特に白いエプロンの結び目はきちんと蝶結びで身の引き締まる思いだった。

その母が病院で闘病生活を送るようになった。健康な母だったのに。明るくてスポーツウーマンの母、水泳も得意で新川のカッパと言われていた。卓球だって父は一度も母には勝てなかった。健康な母が四年もの間入院生活が続くなんて考えられない事だった。母の悔しさは如何《いか》ばかりだったろうか。

私は時折、実家に足を運んだ。父が病院で預かった母の手紙を渡してくれた。母の手紙には「お手伝い有難う、まず洗濯をして下さい。寒くなったのでS子のセーターを出して下さい。セーター類は箪笥《たんす》の上から二番目にあります。赤いセーターは普段着に、ボンボンの付いたセーターは外出着です。S子の髪伸びているでしょう。床金さん、(理髪店の金吾おじさん)に切って貰うように。前髪の長さは眉の上一センチで、横は耳たぶが少し出る位が良いでしょう。後の方は丸くきれいに剃って下さい、床金さんによろしくね」とあった。床金さんは私に良く言っていた。「あなた達の母さんは髪形のうるさい人でよくやり直しさせられたよ」と。私達はよく床金さんと母との間を往復していた。今でも私は母からの手紙を読むと当時を想い出し胸が張りさけそうになる。

母のエプロンはいつも真っ白だった。母はそのエプロンで、ある時は涙を拭きある時は笑いをこらえ、ある時は人様に気前良くお米とか物品を差し上げていた。エプロンを掛けられなくなった母は、その淋《さび》しさ、悔しさを何で拭いたのだろうか。

母が旅立つ前日の事だった。退院していた母は自分の部屋で休んでいた。母が私を呼んでいると言う。母の枕元に行くと母は私の両手をしっかりと握った。母の声は小さかったが、しっかりしていた。そして笑みまで浮かべていた。「フサ子、お父様がね、五人の良い子を産んで立派に育てくれて有難うって言ったの。私が一人病気の犠牲になったけど、皆んな素直に良い子に育ってくれて有難う」と言って私の手をしっかり握りしめた。

私一人は先妻の娘だから、母の実子は四人である。しかし五人をまったく同じに育ててくれた継母。いや実母だ。私にはこの母しかいないんだ。眠るようにして静かに旅立った母に弟妹達と化粧をしてあげた。異母姉妹。とんでもない、私達には通用しない言葉だった。

母の想い出はなつかしくて尽きない。私も母のように白いエプロンを掛け家事一切を切り盛りしたかったが戦後の混乱した時世では無理だった。私は農作業に家事に育児にと駆け廻っていた。母の遺品は大事にタンスの中で出番を待っていた。白いエプロンは私にとって母の優しさと愛情の宝物であり、今でも事あるごとに私を励まし私を見守ってくれている。

母二人白いエプロンかけた母
私の名を呼ぶ声だけの母

父を偲ぶ

射てつくような太陽の光で私の影は小さく縮こまっていた。畦に腰を下ろし小川の中に足を突っ込んでいたためだろう。水の冷たさを楽しみながら私は手甲をはずし田植靴を脱いだ。水の中だとすぽっと脱げて心地良い。

脚半の中の泥の粒子が川の中に溶けるように流れてゆく。顔をジャブジャブと洗う。生き返ったようだ。ふと小川の中の我が足を見て驚いた、おや！　父の足だ。いや、父の足そっくりの我が足に驚いた、そういえば、この節太な指だって父の手にそっくりだ。午後のサイレンが鳴っていたけど私は亡父の想い出に浸っていた。私は父から叱られた記憶はない。父は朝早くから働く人だった。父の作業着のポケットには手帳がいつも入っていた。父の手帳は作業衣のポケットに入る位のもので、用紙は裏紙を利用し表紙は皮革を使い麻糸で綴じていた。手帳には鉛筆がくりつけてあった。ちびた鉛筆なので上部に切り込みを入れタコ糸でくくりつけていた。鉛筆が短くなるとシノ竹をキャップのようにして使っていた。父は良く手帳を開きメモをとっていた。そのためなのか、父の座る飯台の下も棚がありノートや本が置いてあった。トイレの中にも父の本はあった。

父は冬になると山の手入れに出かけた。ある時、私は父の馬車に乗って山に行った。馬車はガタゴト音をたてながら進む。私は父の横にへばりつくようにして座っていた。父は手綱をしっかりと握りながらも手帳を開いている。

山に着くと父は一本の木を指さし言った。「この木はね、桐という樹だよ、お前がお嫁に行く時、この木でタンスを造って貰うんだよ」と。私は、ほとんど父と一緒に山で遊んでいた。日当たりの良い土手を見つけて、ゴザをお尻に敷いてすべって遊んだ。小さな花を見つけては父にプレゼントしたり、谷川の水は冷たいが石の下に住む小さな魚を見つけ大きな声で父を呼んでいた。父の仕事が終わると馬車には雑木をいっぱい積み帰った。

翌日父は、今日は一年間使う薪を作るよ、と言う。

父の薪割りはすごかった。きちんと切り揃えた丸太を、大きな切り株の台の上に真っすぐに立てる。父は斧《おの》で気合いと共に丸太をパアーンと割ってゆく、凄《すご》い、飽かずに見ていると、大きな声で父が呼んだ。「クヌギの木の中に蛹《さなぎ》がいたぞぉー、これを焼いて食べると美味しいんだよ」と。やがて父は山のように出来た薪を軒下にきちんと積んだ。

春になると父は温床作りを始めた。冬の間かき集めた落葉と堆肥を積み踏み込んで、その上に肥土を置いていた。肥土はどのようにしてできたのか知らない。が、私は父のそばに居ると楽しかった。父は作業場にブランコを造っている。そのブランコで土ふるいをしていた。ブランコに載せられた土は粉のようになって舞い落ちる。私は一度だけそのブランコに乗せて貰った。父は、一服しながら肥土ふるいのブランコを押してくれた。

温床の中で、粒子の細い肥土に抱かれた野菜の種は一斉に芽を出していた。

苗が丈夫に育つと、今度は温室の中に移植だ。肥土が入ってる植床はふわふわしていた。温室の中ではおばさん達が踏み台の上にあがって稚苗を一本ずつ植えてゆく。踏み板の底には赤ちゃんのこぶし位の突起物が打ちつけられていて板に上ると植え穴が出来ていた。おばさん達が休憩の時私も踏み板に乗り、小さな苗をそーっと穴の中に入れて柔かい土をつまむようにして寄せ植えた。

父は温室に使う障子の張り替えをしていた。古い障子を破ってくれないか、と。障子破りはおもしろいが、たくさんあったのに驚いてしまった。父はせっせと障子張りだ。張り終えて糊《のり》が乾くと父は障子にエコ油を塗ってゆく。エコ油は古い鍋に入れて七輪の火で温めながら大きなはけで紙全体に一気に塗ってゆく。私が乾いた障子に唇を当て息をかけると紙は震動し澄き通った声で返ってきた。

温室で育つ苗物の朝昼の水やりは大変だった。水道なんてない時代だ。小川の水を汲んで母はじょうろでかけた。私も小さなバケツに汲んで手伝った。夕方になると温室の障子の上にこもをかぶせる。麦藁《わら》で編んだこもは長く、くるくる巻にしていた。温室のぬくもりを逃さぬように障子の上におおった。雨に濡れたらこもは重たかった。立派に育った苗を人々が買いに来る。父は植え方を教えて苗を渡す。私は一升枡《ます》を持って代金を枡の中に入れて貰った。父はほとんど年中無休で働いていた。

近くの畑には私の「こぶし大」の苺が真っ赤に熟していた。友達を呼んであげると大喜び。初めて食べたと言った。

よく働く父だったが、夏になると夕方から外庭に縁台を出し夕涼みをしながら私達に星の話をしてくれた。「あの星の光はね、二億年位前にピカッと光ったのが今私達の目に見えるんだよ」とか、「ほら、あれは天の川だよ。星がいっぱいだろう。天の川には、牽牛《けんぎゅう》と織姫がいてね、一年に一度逢えるんだよ、でも七夕の夜に雨が降ると天の川を渡れなくて二人は逢えないんだよ」

と。私達は父を囲んで目を輝かせて聞いていた。夜になるのが待ち遠しかった。父は、私に俳句を教えた、私は父に習って初めて詠んだ句は「夕涼みひとつ落ちたる流れ星」だった。父は目を細めて「良くできた」とほめてくれた。

父は、私達の知らない祖母の事も話してくれた。「おばあちゃんて優しい人だったの？」、私達は興味津々だった。父がよく述懐していた事は祖母は色白で小柄だったとか、祖母が湯上りに浴衣を肩にかけた時の美しさに父は見とれていた、と言う。頭も良く優しくて、よく働く祖母だったとも。父が祖母のことを語るときの、あの幸せそうなまなざしが私には今だ忘れ得られない。

祖父は近衛兵《このえへい》で東京で暮らしていたらしい。時たま、馬に乗って帰って来た祖父の軍服姿はりりしかった。祖父はよく私と手をつなぎどこにでも連れていった。忘れられないのは、「じゆ天堂」という造り酒屋だった。祖父は美味しそうにお酒を呑みながら、私にはお菓子をいっぱい買ってくれた。祖父の太い手と手を握りスキップしながら歩いた想い出は忘れられない。

また祖母は、雷よけの「うた」とか、悪夢を払う事のできる「まじない」などを父に教えていた。「いかづちや、岩のとりでに隠れいて、安らも知れぬ雷のとりいれ」とか。

悪い夢を見たときには、「見し夢や、バクの餌食となすからに心も晴れしあけぼのの空」と、東の空に向かって言うと悪夢は消えるという事だった。

父が祖母の事を語る時の幸せそうな顔が忘れられない。きっと父は今、天国で優しいおばあちゃんと一緒に私たちを見守ってくれていることだろう。

小さな家出

夕涼みの後だった。乳房が張って乳がぽたぽたと流れてきた。その日私は善男を両親に預けたまま、黙って実家に戻ってきた。家に着いたとき、母は、「おや一人かい？」と言い、父は「なぜ子供を連れてこなかったの」と問うた。私は言葉に詰まった。しかし父は私の気持ちを察したのか、ゆっくり休むがいいとそれだけ言った。

一家団欒の夕食も済み、母が「床を用意したよ」と声を掛けてくれたちょうどその時、「迎えがきているよ」と外で父の呼ぶ声がした。父は木戸口で夫と立ち話をしていた。「善男が乳を飲みたいと泣いているそうだ、早く帰れ」。それを聞いた私は、無我夢中で夫の自転車に飛び乗った。「気を付けて帰れよ」と父の声は優しい。母は、「フサ子は辛抱強いね。私だったら、あの姑さんにはついてゆけないだろう」と言って、私を見送ってくれた。

水音の　小さきをとらゆ夜半の路
　すでに夫とも語りつくして

私は吾子の待つわが家へ、深夜の道をたどった。谷川のせせらぎの音が胸にしみいるようだ。この狭い谷川も、大雨が降ると大きな石を抱き込んでものすごい音をたて流れていく。日照りの時は、岩と岩の間をかいくぐり石にしがみつくようにしてちろちろ、それでも流れを失わない。谷川の流れのように私も生きていこうと思った。優しくそして強く。

第4章

農協婦人部との出会い

昭和43年

姑が他界して三ヶ月過ぎていた。時は、晩秋蚕の最盛期である。五齢期を迎えた蚕は、食欲旺盛だ。私は養蚕室と自宅、桑園と駆け廻っていた。

暖房機のうなりの中に唄う声
　小さくありて給桑作業はすゝみぬ

五齢期を迎えた蚕は、まるで雨が降っているような音を立て、桑の葉を食している。広い壮蚕室も足の踏み場のない程、蚕が陣取り、それでも足りなくて隣接の桑園の中に溝を掘り、その中に蚕を移して「土中育」をしていた。

食桑は条桑育なので蚕は桑の条に這い上って食していた。この年の晩秋蚕の掃立ては、百箱だった。五齢期になると、トラック一台分の桑を、あっという間に食べてしまうのでまた桑刈りに向う。この時期は壮蚕室と桑園とのピストン輸送だった。私達の生活もお蚕優先であり、食事も一日、二食の時もしょっちゅうだった。良質の繭生産の為には、この五齢期に豊食させようと努力を欠かさなかった。室内の温度調節も大切な仕事だ。

そんな時だった。婦人会役員数名が来られ「家の光全国大会が開催されるので我が町でも、記事活用体験者を出さなくてはならない、そのため原稿を書いて発表会に出てほしい」と私への要望だった。

だが、今の私には時間的余裕は全くなかった。しかし彼女達は何度も足を運ぶ。

そして役員達は言う。私達読書会の仲間でしょう、「同志」なんでしょう。その言葉に私の心は動かされた。同志とは本当に強い絆《きずな》で結ばれていた。私は夢中で原稿を書き始めた。それは家族が寝静まった夜半がほとんどだった。必死で書いた。やれば出来ると、そう思った。ようやく締切り日に間に合った。タイトルは「記帳が育てた愛日園」とした。発表会の当日、私は五時起床、車のエンジンをかけて私を待つ夫の車に飛び乗った。

七キロ離れた桑園に向かった。まだ明けやらぬ道を飛ばし桑園に到着だ。そして目覚める暁を呼び起すように剪定バサミの音を立て桑の枝を切った。私は大急ぎで桑を束ねて、トラックに積んだ。朝露で衣服はびしょぬれだ。発表会は午前八時からだ。その前に発表者数人の発表順番のくじ引きがある。

帰路、時計を見ると七時半だ。間に合いそうもない。貯桑庫に地下足袋と作業衣を脱ぎ捨てスカートを穿いて会場に向かった。

農協の二階の階段を駆けのぼった。早く早くと呼びかける関係者の人達の声、息つく暇はなかった。最後の私の出番だった。

私は町の代表となり、郡と県との予選会に出場して県代表となってしまった。

その間、県主催の「若人の集い」「若夫婦の集い」等に招かれ、私の細い身体は一段と細くなったようだ。

そんな折だった。集落の読書会仲間達が我が家の農作業を手伝うための分担表を作ってくれていた。家の事は心配しなくて良い、私達の代表として出場するんだから、と励ましてくれた。私は感激のあまり涙が落ちた。以前、集落の封建制に傷つき眠れぬ夜を過した十年前の事がウソのようだった。この感動は一生忘れる事は出来ないだろう。

全国大会出場後、私は集落の婦人部役員を引き受けた。あっという間の一年間だった。肩の荷が降りた感じだった。と、今度は農協女性部の役員を、との事だ。一期だけでも良いとの事で引き受けた。集落の人達にどれだけお世話になった事だろう。断れなかった。

それが私と農協婦人部との出会いであり、絆となり以来二十二年間も役員として過ごさせて戴いた。

読書会いつしか同志と呼び合って
　きづなは永久に花開くごと

石鹸工房のスタート

平成4年

昭和六十年は国連が定めた国際婦人年の最終年度だった。国際婦人年の主題は「平等、発展、平和」であり、当時盛んに「女性の地位向上」が叫ばれ、男女平等の声も農村の隅々まで広がっていた。私は女性の地位向上については強い関心を持っていた。私は福岡県の「第三回婦人の翼」に応募した。幸い研修団の一員として、オーストラリア、ニュージーランドと旅立つ事が出来た。私の研修の目的は三つあった。一つは海外の婦人の生き方を確かめたい。二つ目は、故市川房枝氏の言葉である。それは「農村女性部は自主的な組織である、と五原則にはあるが、実質的には農協から助成金を貰い活動すら助成金まかせの処のようだ。それでは農村女性の自主性も地位向上も望めないのでは云々」と。それでは海外に出て見聞を広めよう。三つ目は、二人の息子がオーストラリアで青春時代を過ごし、次男は永住権まで持っている。母親として、一度は訪ねて見たい国だった。

待望の海外研修団の一行は二十名、各自職業を持った組織人だった。だが、同じ目的を持った人達なので話題はつきなかった。海外での忘れられぬ想い出は数々あるが、女性国会議員との対談中、彼女は二時間有余、椅子にかけた素敵なポーズをくずさなかった。そして女性の特性を生かしテキパキと仕事をこなしている事を語ってくれた。私が「女性の特性とは」と聞くと、「女らしさ、やさしさ、キメの細かさ、忍耐力」だと答えられた。彼女は女性の持つ柔軟性を高く評価しそれを理解する男性のいる事を語った。男女平等とはお互いがその特性を認め合い相互理解をする事だと私は強く感じた。オークランドの女性市長は言った。「女性の欠けているところは、能力ではなく自信のなさ」である、自信を持つ事が男女平等の真髄ではないかとも語った。海外研修は十二日間だったが私の心を大きく開かせてくれた。そして新たなる女性の地位向上への意欲が湧いてきた。翌年、男女雇用機会均等法も公布された。私はじっとしてはいられなくなった。「平等、発展、平和」の文字が頭の中を駆け巡った。そうだ、我が町の婦人の心を一つにしよう。きっと、そこから何かが生まれるはずだ。私は行政に働きかけた。幾多の困難はあったが幸い町長も女性の地位向上には深い関心を持っておられ、力を得て町の「婦人団体連絡協議会」の結成、発足をみた。主旨は「吉井町の婦人の心は一つ」を合言葉に各種団体相互の親睦と連携を深め、婦人問題や社会問題を学習実践する事により一層健康で明朗な町民生活に寄与するものである、とした。テーマは「身近な婦人問題に気づく婦人になろう」。サブテーマは「女性のアイデアを村おこしに」とした。第一回婦人の集い大会は、昭和六十一年一月町の文化会館で開催。参加者、六百有余名で盛会だった。また「村おこし、レディーフォーラム」も盛会だった。町の婦人の心は一つ、は次第に浸透し町角でいろんな人と出会う時、そして声をかけ合う時、この町に住める幸せをしみじみ感じたのだった。

長いようであっという間に過ぎた私の農協婦人部部長二十二年間だった。これからは自分の好きな事が出来る。農業にも打ち込める。が、私はまだ若い。このままでいいのだろうかと自問自答した。「そうだ、ボランティア活動をしよう」が、そのためには学習が必要だ、とムラムラと学習意欲が湧いた。早速同志に呼びかけた。十一名集った。グループの名を「虹の会」とした。虹とは国際協同組合同盟の旗印であり精神でもある。虹は七色からなる「赤燈黄緑青藍紫」だが、ひとたび一緒になると無色透明な光を放ち人類に貢献する、そんな意味を持つ虹の精神である。私達は県の教育センターに出かけ授業を受けた。婦人部の役を辞めた私が何故？　と、知人が声をかけた。学習は当日、「ロバートオーウェンの生涯、農村の民主化と家庭の民主化」であった。学習を重ねているうちに私達で出来るボランティアを考えるようになっていた、そんな時、私は

地域の環境守りたい

エコせっけん作り

現役宣言

足立房子さん(81)
福岡県うきは市

愛情を込めたせっけんを「自信作よ」と紹介する足立さん（福岡県うきは市で）

「白壁と清流の町」として有名な福岡県うきは市吉井町。清らかな巨瀬川を守ろうと、調理の時に出る廃油をせっけんに変身させているのが、足立房子さん（81）だ。年間420キロの廃油せっけんを作る「せっけん工房アクア」を、3人の仲間とともに運営している。地域のために尽くす背中は真っすぐ伸び、「人生、何でも挑戦よ」と笑う。

直売所の目玉に

足立さんが専用の機械を使って作るのは、粉せっけんと固形せっけんの2種類。JAにじが運営する農産物直売所「耳納の里」で売っている。特に粉せっけんは、水で溶かすにそのまま洗濯機に入れて使える手軽さと汚れ落ちの良さが受け、常連客も多いという。合わせて月に35キロは作るが、必ず完売する人気ぶりだ。

工房は15年前、行政の支援を受けて立ち上げた。売り上げから機械経費を差し引くと利益はほとんどないが、「地域のためになっているという誇りがあるから頑張れる」と、大切に作り続けている。環境保全に関心を持つきっかけにしてもらおうと、工房では年に5、6回、せっけん作り体験も行う。小学生や保護者らが参加している。

廃油を有効活用

足立さんが地域のためにこだわるのは、この秋88歳で亡くなった夫、勤さんの「農家には田畑を耕し作物を作ることで、地域を支える役割がある」という信念を受け継いだからだ。身長150センチと小柄で体も弱かったため、農作業をつらく感じることもあったが、この言葉を胸に、誇りを持って農業をしてきた。

せっけんの材料になる廃油は、JAの加工場から出たものだ。工房ができる前は、ごみとして業者が全量引き取っていた。疑問を抱いた足立さんは女性部の仲間に相談し、工房を立ち上げた。その結果、月に18キロ分の廃油を再利用できるようになった。

現在は息子の満明さん（61）と二人三脚で農作業をこなす。満明さんは母親を「仕事を見つけ出す天才なんよ。ちっともじっとしとらん」と笑う。柿やブルーベリー畑では休憩中も、ついつい草をむしったり、葉をちぎったりしてしまうという。

「思うより先に体が動いちゃう性格でね。忙しくて、年を取ってる暇がないの」

志を胸に、頭と体をフル回転させる日々は続く。

（坂本銅佳子）

ふと、我が町のキャッチフレーズを思い出した。「みどりと清流、白壁の町」だった。でも最近、この清流にも「ゴミのポイ捨て」が見られると聞く。

その時、この清流を私達主婦で守るべきではないだろうか、と虹の会でも考えていた。

意見の一致をみた頃だった。そんな折、行政でも家庭から出る「廃食油」を利用して作る粉石験製造機がある事を知り視察研修すると言う。私はすぐに参加した。粉石験製造機は素晴らしかった。あの、どろどろの廃食油が、サラサラとした粉石験になる。これなら私達にも出来る。私達の目的は「粉石験」を作る事で住民の環境を守る意識啓発が大きな目的であった。もちろん行政にも働きかけ理解を求めた。私達独自の

良く出来た。ほっとして釜からシートに移す作業。

視察研修は約一年半の歳月を要した。最後まで意志をつらぬいたのは四人となった。石験製造機は行政から補助金を得た。

ハウスは、ＪＡの旧精米所を借り受けた。精米所跡の掃除は大変だった。どさどさっと落ちる埃《ほこり》に目があけられなかった。私達は、そんな時「誇り高き女性になったね」と、笑い合った。もちろん、粉石験作りの指導には四人で担当した。

ここまで来るのに私達は約二年半かかった。何度かくじけそうになった。「この運動辞めようよ。工房だって私達のものではないのよ。ボランティアなのよ。」「なに？　ボランティアだって？　すぐに開店休業だろうよ」そんな言葉も聞かれた。「私達事業をするのではないよね、集って来る人達に、粉石けんの作り方をボラン

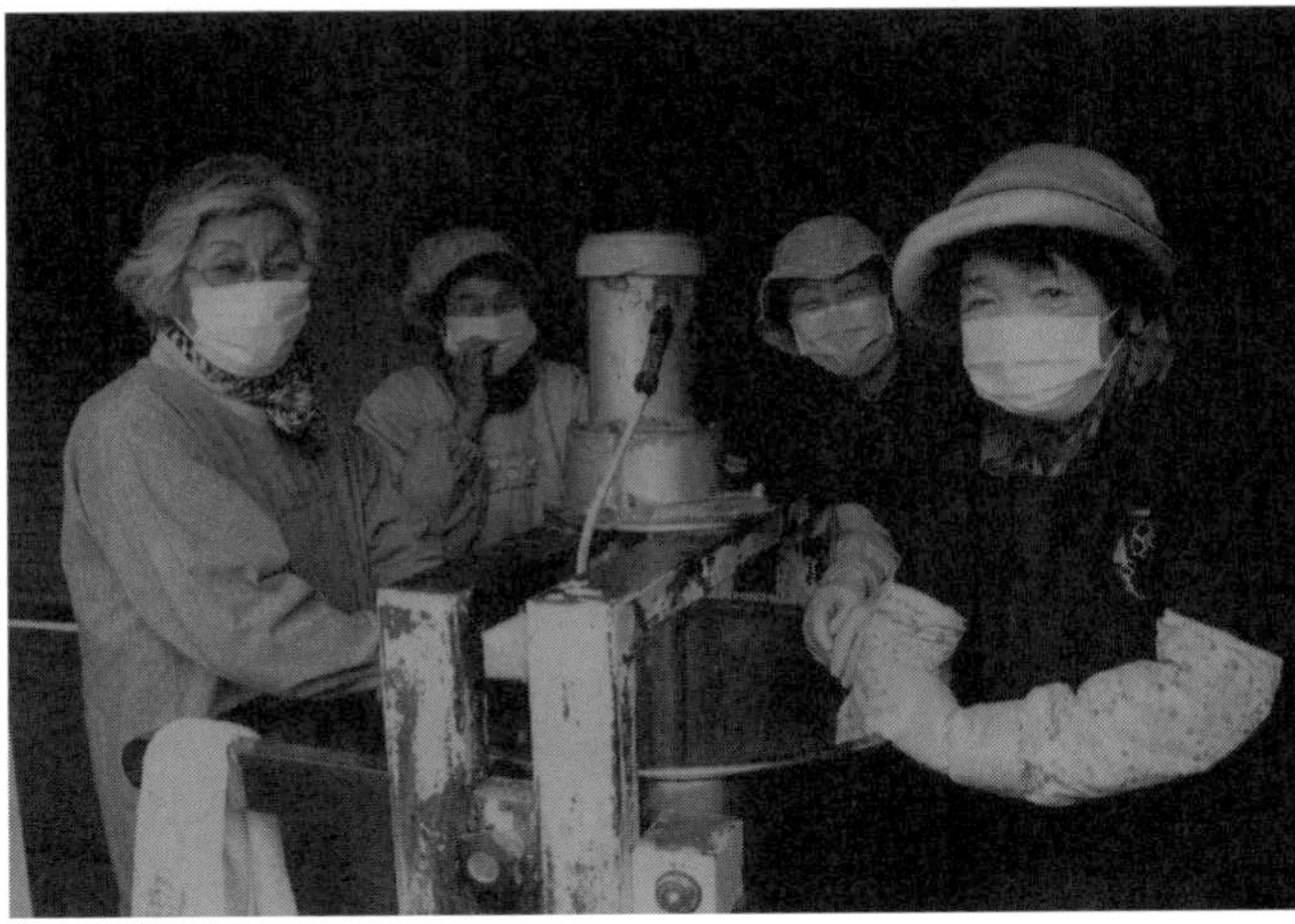
ほっとひと息。出来上がったよ。

ティアで指導するのよね。」と四人で語っていた。

そのうち、粉石験は都会からも注文を受けるようになった。もちろん、町内でも利用者は増大していった。石鹸工房は小学校の校門の辺りだったので、学校帰りの児童がよく工房を見に来ていた。固形せっけん作りにも児童達は真剣に見ていた。近所に住む人達はよく工房に花を持って来て活けてくれた。そして、ボランティアを続けて、あっという間に二十年の歳月が流れた。私達の平均年齢は「八十五歳」となり、無事後継者にバトンタッチすることができた。

わが町に住める幸せ語りつつ
四人のこころ固く結ばる

晴れた日に

東京に住む次男から電話だ、久し振りだ。「お母さん元気？　僕離れて住んで親孝行できなくて申し訳ない」と声を詰まらせた。「何言ってるの、あなた達が元気でいる事が一番の親孝行なのよ」。息子は嬉しそうだった。

「僕思うけど家族の幸せが一番大事だよね　お互いの家族が幸せであるから、地域も国も住みよいんだね」と、若い時の彼は「健康な身体に育ててくれて有難う」だった。彼も二児の父親となり家族の大切さがわかってきたのかなと思った。

わが家は七人家族だ。孫は、小、中、高校の三人姉妹だ。長男夫婦はサラリーマン、私は主婦兼農婦、夫はテニスコート経営そして、柿園経営の農家、ウーワンワン、おっと、我が家の同居者を紹介しよう。犬のジョイはニューファンドランドという犬種。体重は八十キロ、毛は真っ黒で目は丸く優しい。チャーリーは柴犬でわんぱく者、散歩の途中脱走をくわだてる。マイケルは居候の「でぶっちょ猫」だ。総勢七名と三匹の同居である。一番騒がしいのはマイケルで私の姿を見るとどこからともなく飛んで来てまとわりつく。朝食準備の忙しい時、私の足元に体をすり寄せて鳴く。「うるさいね、自分の家でごはん食べておいで！」と声を荒げるが「おなか空いてるもん」と哀願するので負けてしまう。チリメンジャコに、ごはんをまぶして差し出すと食いつくように食べる。孫は学校から帰宅すると、給食のおやつをやったり、マイケルの住む籠の中のバスタオルを敷き替えている。私が「おうちの中に入れたら駄目よ」と言うと抱いているのでいいでしょう、と言って頬《ほお》ずりをしている。いつしか、そんな孫のしぐさに私の心も和んでくる。

二匹の犬は毎朝夫の散歩日課である。雨が降る日もお酒飲んで夜更かしした朝も欠かした事はない。もちろん、犬達に催促されているようだけど十数年間続けている、夫の唯一の健康法とも言えようか。

ある日、親せきの嫁さん達が集ってきた。お互いの話は更年期障害についてだった。「いやよね、更年期障害って」。夢中でそんな話をしている嫁さんたちをおばあちゃんが一喝した。「わしらの時代にはそんな病気ってなかったよ、ぜいたく病だよ」と。私は心の中で反論していた。昔の農業は家族ぐるみでやっていた。現在は母ちゃんがほとんど家事と農業を一人でやっている、ストレスもたまるんだよ、と。おばあちゃんの話は続いている。

「戦争中は大変だったよ、夫や息子を軍隊に送り出し、わしらは老いた両親を抱え幼い子等をみながら田畑を守ってきたんだよ。当時は男も女も皆一生懸命に生きてきたよ」と、しっかりした語調だった。

ううーん、なるほど、明治の女性は偉いと思う。現代は男女雇用機会均等法も施行され男女平等も叫ばれている。だが実態はまだ過渡期ではないだろうか、友人は九十歳になる祖父の話をした。元気で達者な祖父は野良仕事を手伝っている。作業着は接《は》ぎのある服しか着ないと言う。家人は、すり切れたズボンの股の部分を切って肘あてと膝あてをして縫い直す。手間ひまかけて繕うより買った方が安くつくと思うがそうしていると語る。

やはり家族っていいなぁと心温まった。ふと、八年前、海外研修に参加してオーストラリアの女性国会議員と対談した事を思い出した。女性の社会進出のめざましい国だった。私達は女性の地位向上について考え方を問うと即座にきっぱりと答えられた。「良き家庭を作る事だ」と予期せぬ言葉だったが心に沁みた。そうだ「良き家庭を築く事が、女性の地位向上の一歩なのだ」私の脳裏にしっかりと焼きついた言葉だった。気負わないで肩肘張らずに伸び伸びと生きよう。いつになく晴々とした日だった。

寺の泉水

私はよく姑に連れられて集落にある寺院に参拝していた。小学校に通う児童達は夏休みになるとこの寺で行なわれていたラジオ体操に参加していた。私も期間中はずっと子供達と一緒に行った。体操が終わると直《じき》に解散だ。折角《せっかく》、寺に集った児童達だ。私は住職に相談した。子供達にお経の稽古をして貰えないでしょうか。十分間位でも良いと思うと。住職は快く引き受けてくれ、その役を若院が受け持って下さった。寺とは遠縁に当たると両親から聞いていたので住職にも相談し、私は仏教婦人会を結成した。その会も堅苦しくなく、主旨に賛同した人達で集い自由運営とした。月会費も決めた。お経の練習、精進料理、写経等の学習会だった。又、子供達のお経の稽古は、ラジオ体操の後に十分間位とした。

最初は、お経の時子供達は行儀が悪くて心配だったが、一週間も過ぎると御堂に上る階段の前にきちんと履物を揃え、若院の前では正座していた。子供用の「お数珠」を持ち、声を揃えてお経を読んでいる姿に私は心洗われた。夏休み終了の日、子供達に婦人会会費よりごほうびの文具をあげた。以降はお菓子がいいと言うので希望通りにした。随分長く続いた。新聞紙上にも掲載されたので子供達は大喜びだった。

寺の山門の辺りには泉水が湧き出ていた。集落の人達の最大の憩いの場でもあった。以前は道をはさんだ竹藪《たけやぶ》の中にも湧水があり柄杓《ひしゃく》も置いてあり田畑帰りには、冷たい湧水で喉をうるおしていた。山麓の集落だったので泉水場での一休みは皆楽しみの場所でもあった。と、ある時私は見た。こんこんと湧き出る泉水の中にこともあろうに「大きな漬物桶《おけ》」が投げ込まれていたのだ。当時の家では、ほとんど井戸水を使って物を洗っていたので、大きな桶とかを洗うのは困難だった。

でも、ここは泉水だ。私はじっとしていられなかった。すぐさまスクーターで市役所に駆け込んだ。「泉水を守らなければ」。私の一途な気持ちだった。区長にも相談した。市役所では「住民の生の声を聞きたい」との事だった。私はスクーターで近隣を駆け回った。

いつしか、私の行動が集落の人達に知れわたっていた。「けしからん。集落の水を使わせないなんて、そんな事言う奴は、どこのどいつだ、昔から使っている泉水なんだぞ」と。「理解を得なければ誤解を招く」全くその通りだった。年配の人達の間でも私の事で、ケンケンガクガクだったと言う。まず寺に集って貰い話し合いの場を持った。私は若い人達からも、ずい分と小言を言われていた。
泉水がきれいになり観光地になると、客が集まり自分の庭に空き缶とか投げ込まれるだろう。しかしそんな時、寺と近所の男性達の肝入りで泉水の大掃除が行なわれた。洗い場なども排水口近くに設備された。池には錦鯉も泳いでいる。すがすがしくより楽しい憩いの場となり皆の喜びも満ちた。

ひとすじに想うこころのいとしさよ
わが意のごとく湧きでる泉

寺の泉水。集落の人達の憩い場だった。

柿園の中の芝生

平成18年

柿園の農道を通る人が私に問う。「なぜ柿の木の下に芝生植えてるの?」と。芝生なんか植えてはいませんよ、と私。でも良く聞かれるのだ。おかしいと思い柿園を見に行った。と確かに所々に芝生が育っている。息子に問うと、僕が植えてるんだよと言う。何故、どうしてなの?「僕ね、集落に住む高齢者の為にグラウンドゴルフ場を造ろうと思っているんだよ、芝生はそのために育てているんだ。高齢者になると車の運転できなくなるでしょう。スポーツセンターはあるけど歩いては無理だろう。我が家の柿園だったら集落内だから歩いて来れるでしょう。高齢者の人達の為の集いの場を作るんだよ」と言う。柿園の中で楽しめるスポーツってあるの? と私。「あるよ、グラウンドゴルフと言うスポーツなんだよ、ゲートボールと違って個人でプレーを楽しめるんだよ」と息子。私はグラウンドゴルフの事など全く知らなかった。年配者が行うスポーツって私は不安だ。しかも柿園の中でのスポーツと聞きなおさら不安だった。

息子は計画的に一人で準備していたようだ。芝生は大売り出しの時、半額で購入していたらしい。柿園からの帰宅が遅いと思っていたら一人残って芝生の手入れをしていたと言う。ふうーっと私は三十年前の事を想い出した。大学在学中の息子が帰宅するなり夫に、巨峰園の一角にテニスコート一面分を造らせて欲しいと言ってきた。誰にも迷惑はかけません、僕一人で自力で造って見せると父親を説得し、二年足らずですべて手作りでテニスコートを作ったのだった。それから30数年後、若者がいなくなりテニスコートは事実上閉園に追い込まれたのだったが、そんなテニスコートを作った息子が、今度は高齢者のための憩いの場を作ろうというのである。そのことを新聞で読んで息子を訪ねて来られた人がいた。福岡市宇美町のグラウンドゴルフクラブの会長ですと言われた。

その持田氏は「凄いですね、柿園を解放しグラウンドゴルフ場を造るって、アイデア抜群だ」と感激したようにおっしゃった。以後、持田氏は度々来園してアドバイスして下った。息子はテニスの事ならわかっていても、グラウンドゴルフの事はまだ勉強中で、持田氏のアドバイスはとてもありがたかった。

その後も持田氏は度々来園して下さり、時には数名のグラウンドゴルフのメンバー同伴で草刈

家庭雑誌『家の光』で紹介された。（撮影／下曽山弓子）

機等持参して柿園の下草刈りをして下さった。又、打ったゴルフの玉で柿が傷まないようにと柿の下枝カットなど皆で手伝って下さった。持田氏の力添えを戴きゴルフ場造成に精魂かたむける事ができたのだった。そんな折だった。持田氏のメンバーの一人が柿園の中に井戸のボーリングをして下さった。こんなに感激した事はなかった。あっという間だった。きれいな冷たい水が出てきた。嬉しさと感激で「わあっー」と喜びの声を発したまま、そのあと言葉が続かなかった。こんこんと出る冷水はグラウンドゴルフ場にいっぱいの幸せを吹き出してくれたかのようだった。また持田氏メンバーの方達から、ゴルフ参集者の憩いの場に使って欲しいと大型の天幕なども数張寄贈して戴いた、夢のようだ

柿園の中のグラウンドゴルフ（撮影／下曽山弓子）

った。そしてあっという間に、愛日園グラウンドゴルフ場の完成を迎えたのだった。芝生も柿園の中に見事に育った。

平成二十九年十一月、愛日園グラウンドゴルフ大会開催。その折、東京の家の光協会より取材を受けた。秋晴れの絶好の天候だった。外国からのウーフ達も大喜びだった。

イギリス人やフランス人、イギリス留学二年間を経て帰国したばかりの大阪の阿部君も息子からの報を聞き飛行機で飛んできた、との事だった。

私は人と人との心の絆の素晴らしさに感動していた。グラウンド場で精いっぱい楽しまれた人達の笑顔が私をさらに幸福にした。

「絆の力って人生の最大の宝ものだよ」。八十八歳を迎えた私のまぶたにあふれる涙をぬぐう事は出来なかった。

手をとれば喜び満ちるその力
きずなは永久にわが辺にありて

福寿草

おや！　福寿草だ、私は外庭の花畑にしゃがんだ。「蕾は小スズメの胸毛のように丸く柔らかくふくれあがり、ため息をつく程のかれんさである。蕾の中に灯をともすように黄色が現れ、三、四日もするときんせん花を思わせるような碗型の花がいっぱい開く」。何と素晴しい形容だろう。今私が読んだばかりの福寿草のことだ。あれは平成10年の春だった。我が家に福寿草の苗が送られて来た。送り主は福島県のSさんだ　Sさんはその七年前、わが町に転勤して来た人でよく福寿草の自慢話をされていた。この花が咲き初めると東北はもうすぐ春だよ、と声を掛けてくれるような花なんだ、と嬉しそうに語っていた。目立たぬ花だけど、それが東北人の心のようで、と彼は言っていたが、望郷の念にかられていたことは隠せなかっただろう。

素朴な花、そのSさんの言葉に魅かれ私も好きな花となっていた。Sさん一家が子供達の春休みを利用して東北に里帰りされた。その折に我が家に福寿草の苗を送ってきたのだった。四月とはいえ、東北の野山は積雪だったと聞く。その積雪をかき分けながら、凍てついた土を割り福寿草の苗を採取されたらしい。私はSさんの温かい心が嬉しかった。私は、その小さな福寿草の苗を宝物でも扱うようにして日当たりの良い場所に植えた。翌年の春、私は雪解けの中でそれを見つけた。

ひょっこり雪の中で黄色の可憐な蕾を見つけた時の私の喜びと驚きは言葉にならなかった。その庭に佇《たたず》むと私は刻《とき》を忘れてしまう。四季折々に咲く一木一草に人の心の暖かさがじんわりと私の心を包み込んでくれる。すぐにSさんに報告しよう。転勤のため熊本県に行かれたSさん一家の笑顔がふっと浮かんできたのだった。

ひっそりとほころび初めし福寿草
　われに告げなん初春のおとずれ

吾子の瞳

多角形農業（※米作を中心に果樹、野菜、養蚕等様々な作業をする農業）はそれなりの収入を得た。しかし、それは田畑をフル回転利用するのと同様、私の身体も頭もフル回転だった。今日も暗くなるまで作業をして帰宅、すぐに夕食の準備にかかる。

姑は三人の孫の世話だ。土間に立ち、そそくさと夕食の仕度にとりかかっていると、娘が私のそばに来て問う。「お母さんは、なぜ、男の着物ばかり着ているの。S子ちゃんのお母さん、きれいな着物着ているのに」と言う。私は疲れていた。化粧っ気もなく作業衣のまま炊事場に立つ私の姿に娘は満たされぬものがあったのだろう。長男と次男はどんな目で私を見ているのだろう。仕事に追われ子育てを放棄している事に気付き呆然となった。

親子の接点をどのようにして持てばいいのか、と考えた。そうだ、夜だけ私のふところに抱きつくこども達のため「おとぎ話」をしよう。と、そして、三ヶ月間続けようと心に決めた。まず一緒に床に就き、おとぎ話をしたり本を読んだりした。時には眠ってしまう時もあったが子供たちは喜び満足していた。

長男が小学校に通うようになった。私は集落のお母さん達と語り合って「子供達を守る会」を結成した。子育ては農作物を育てるのと同様、愛情が絶対不可欠である。手抜きをしてはいけない。子供達だけの集いがある時も、私はまっ先に出かけ「おとぎ話」をしてやると、飛び回っていた子等は静かになり私の話を聞いてくれた。私は嬉しかった。クリスマス会の時にはトナカイに乗ったサンタクロースを影絵で登場させ子供達の喝采を浴びた。キャンプファイヤーでは野菜人形劇を作った。その夜は、我が家の蚕の上蔟《じょうぞく》（成蚕を蔟《まぶし》に移すこと）中だったので、ナレーションをテープに吹き込み、長男に持たせ操作をまかせた。大喜びの子供クリスマス会だったと言う。吾子達の瞳が輝き始めた。私が田畑から帰宅すると、子供達は飛んで来て私を迎え、私の使用した鎌や鍬等を所定の場所に片付けてくれた。新春の親子合作の作品が待っているからだろう。

長男が高校生になると我が家は子供達の集会所のようになった。特に春休み、夏休みになるとなおさらだ。子供達はよく食べ、よく笑い、床が抜ける程賑わった。

やがて、長男は大学生となり東京の学舎に帰るようになった。そんな時長男から手紙が届いた。

「お母さん、後輩達が受験勉強で頑張っていると思います。彼等に家で穫れる巨峰（ぶどう）を補給してやって下さいと。夫と私は高校の放課後、グラウンドに出かけた。テニス部の部員達がテニスの練習にはげんでいる。私達は彼等にもぎ立ての巨峰を渡した。彼らは大喜びだった。

その笑顔に、私の心もいつになくはずんだ。

私のバッグ

「さあ！　もうひと頑張りよ、この田んぼのヒエ抜きが終われば全部の田んぼのヒエ取りが終了よ、そしたら皆で旅行に行けるのよ」と私は必死に子供達三人に声を掛けた。心の中ではお願い、もう少しで終りよ。だから手伝ってよ。と子供達に手を合わせていた。

我が家の水田の子ども達の仕事は、他家の水田の除草作業とは全く違っている。我が家は当時、県内有数の養蚕家。とはいっても嫁動人員は夫と二人である。そのため植え付けた水稲の除草作業が遅れ、雑草であるヒエが我がもの顔に繁茂するのだった。養蚕の暇を見つけ夫婦で必死に抜き取ったヒエの株を、三人の子供達に道路まで運んで貰うのが、子等の主な作業だった。

たかがヒエ取り、ヒエ運びと言うけれど、親子共々、全力投球の作業だ。子等達との約束は、ヒエ取りが終ったら、別府温泉に皆で行くことだった。夫が大型農機を購入した折、別府温泉旅行のクーポン券を貰っていたのだ。その券での親子旅行の計画だった。ギラギラと照りつける太陽の下で子供達は稲株につまずいたり、とがった稲の葉先でチクリと刺されたりしながら、引き抜いたヒエの株を必死で抱えたりひきずったりと悪戦苦闘だ。

小学二年生の娘が大きな声で私に叫んでいる。「お母さん、私、旅行には行かなくていい。仕事きついもん」と。すると次男まで僕も行かないよ、と言う。私は「お願い、もう少しでヒエ取り終わるのよ。だから手伝ってほしいのよ」。彼等はぶつぶつ言いながらも最後まで手伝ってくれた。子供達が道路わきに積んでくれたヒエの山のなんと多いこと。ふと、近所の人達の言葉を思い出した。「あんたの処の子供達よく手伝うね。農業仕事や養蚕の仕事まで全く驚く程手伝うね」と。

明日は待望の別府温泉旅行だと大喜びの子どもたちだ。私も念願のバッグを購入しよう、とショッピングに行った。ショウインドウを覗《のぞ》くと、あったあ！、欲しいと思っていたぴったりのバッグだ。店に駆け込んだ。よし買おう、と心が弾んだ。でも値札をみて驚いた。私の予算の金額のゼロが一桁多かった。他を探したが一目見たバッグが忘れられない。戸惑う私の脳裏に半べソかきながが必死にヒエを運んでくれた子供達の顔が浮かんだ。喜々として帰宅した私の買物袋の中には、娘のワンピースや息子達の服や帽子が所せましと入っていた。

あれほど欲しいと思ってバッグだったが、私には使い慣れたバッグが一番似合っているんだろう。

親子五人の旅だ。意外と使い古したバッグが重宝した。カメラも放り込めるし夫は貴重品まで私のバッグに放り込んでいる。旅は楽しい。私達は湯布院で下車、城島高原行きの観光バスに乗った。城島高原の壮大な景色に圧倒されつつ旅の気分を満喫していた。

「高原に車を止めてながむれば、あれは牛なり　あれは石なり」

バスガイドのさわやかな声で高原の詩を紹介してくれた。私はバッグの中から手帳を取り出しメモをとった。高原には至るところに大きな石がころがっていた。本当に寝ころんだ牛なのか石なのか見まちがえるようだ。

高崎山のサル山に到着した。園に着くと私はバッグからサルの餌を出し子供に渡した。お母さんのバッグ魔法のバックみたいだと、はしゃぐ子ども達。親子旅行ってこんなに楽しいものだろうか。夫が、お母さんによく似合うバッグだね、と言う。「そうよ、このバッグ私にまた旅行に連れて行ってよ、と言うのよ」と夫に言った。丸くふくらんだバッグをポンポンと叩きながらお疲れさま、有難うとぎゅっと抱き締めた。

見栄もなくふくらみ満つるわがバッグ
吾子の笑みまで包みいるごと

陽の当たる縁側で

農作業が一段落した。今日は思いっきり家事に専念しよう、と部屋中の雨戸を開けた。陽当たりの良い縁側に陣取り本をそばに置き繕い物を始めた。あれっ、いつのまにか娘が私の横に来ている。娘は怒っているようだ、直感だ。娘は私の心の動揺に気づいたのか、やんわりと言葉をかけてきた。「お母さん、昨夜のパーティー楽しかったね」と。「楽しかったよ、貴女達のパーティーだったのに母さん達が浮かれてしまってごめんね、で貴女達は？」と問うと憮然《ぶぜん》とした表情で言う。「もちろん楽しかったよ、お母さんの、お叱言《こごと》さえなかったら最高だったのに」と言う。えっお叱言ですって？「そうよ、お母さん大きい声で言ったでしょう。お行儀悪いわ、きちんと座りなさいって。私子供じゃないのよ」。ふんまんやるかたなき口調だ。娘の怒った顔。「だって私達お客様でしょう、パーティーだったのよ。リラックスして下さいと言われていたのに。私だってお母さん三時間位の正座だって平気よ、それをお母さんたらカチンときちゃった」と娘は一気に胸のつかえをはき出したようだった。「そお、そんなにカチンときたの?」「そうよ、乙女心を傷つけた、そんな感じだったのよ」「そんなに大げさに言わなくてもいいでしょう、以後、お母さんも気をつけるわ」「ええ、高校生だと言う事をお忘れなくてね」ときた。そんな私達のやり取りを聞いていたのか、夫が笑いながら割り込んで来た。そして娘に応援をする。もっとお母さんに文句言ってもいいよ、いっぱいあるだろうと、けしかける。そうね、お互いに言いたい事があったら、意見を交わそうね。

と言いながら私は娘の成長ぶりがまぶしくて、「娘ばなれ」の時期が到来したことを思った。

向き合えばまぶしいほどの娘の育ち
嬉しくもあり少しのさみしさ

第5章

長男の挑戦

昭和47年

昭和四十七年秋のことだった。夏休みが終わり二学期が始まっていた。そんな折、東京で学生生活を送っているはずの長男がひょっこり帰ってきた。「オーストラリアに行く」

「えゝっ」寝耳に水とはこのことを言うのだろう。「オーストラリアって、豪州のことなの、何しに行くのよ」「お金はどうするの」「誰と行くの」。出し抜けの長男の言葉にびっくり仰天し矢継ぎ早に問い詰める。

「テニスの修業だよ。もちろん一人で行くさ。金はバイトで貯めたから大丈夫だよ。手続きも全部済ませているから心配しなくていいよ」とすまして答える。「なぜそんな遠い国に行くの？」

私は心配で夜も眠れなかった。

出発当日、長崎港からの出航だったので、夫と私、次男とその友人、知人といっしょに見送りに出かけた。香港を経てシドニーに向かう豪華客船キャンベラ号は「太平洋の女王」の名にふさわしく長崎港の夕映えに彩られて浮かんでいた。今回の航海を最後に日本から姿を消すと言う。そのため横浜から七十数名の汽船マニアが同行していると聞く。私達も見送り人として特別乗船が許可され、ゴムボートでキャンベラ号の停泊しているところまで行き、そこから梯子を登り乗船した。

「いやぁーこれが船の中」と思わずつぶやいた。その広さ、豪華さはホテル、いや、まさに一つの街のようだった。映画館やプールもいくつもある。船の中を一周するのに二時間くらいかかると言う。長男の船室に入ってみた。狭い部屋で二段ベッドになっていた。そんな時私はふと、何も考えないで長男と一緒に航海したい、とそんな衝動にかられていた。オーストラリアまで十四日間の航海だと言う。

長男の行動に人々は「勇気がある」とか「すばらしい、うらやましい」とか、色々と評価しているが、私にはそんなことはどうでもよかった。ただ無事でいてくれることのみ祈っていた。暮れなづむ長崎港に錨を下ろしたキャンベラ号に灯がともった。あの巨大な船の中で長男はどうやって過ごすのだろう。出島の岸壁に戻る船の中で夫や次男、友人達は盛んに手を振っているが私は振り返ることが出来なかった。見知らぬ海外の地でのテニスの修業がどんなに厳しいものか、夢と希望だけでは生活できないことを長男は承知しているのだろうか、きっと幾多の困難に出合う事だろう。

老婆心とは良く言ったもので次から次へと心配の芽が育ってくる。そんな時、船の中で見た長男の笑顔、見知らぬ外国人と、いとも親しげに会話していた長男の姿を思いながら、わが心をなぐさめていた。きっと長男は航海中でもいろんな人達との出会いと交流を重ねることが出来るだろう。それだけでも大きな成果になるだろう。彼の青春の一頁を飾ることが出来たらそれだけでも良いではないか、と私は自分の心に言い聞かせていた。

出航のキャンベラ号に目をとじて
　われひたすらに両手あわせつ

ローラーを引く父と子

昭和49年

胸を張り元気よく歩く長男と少しうつむきかげんに歩く夫とが足並みを揃えてローラを引いている。テニスコートの仕上げの作業である。私は隣接するぶどう園で摘果作業をしながらそんな二人の姿を見守っていた。

あれは、二年前の事だった。何の前ぶれもなくオーストラリアからテニスの修業を終え長男が帰ってきたのだ。少し我が家で休息して東京の学舎に帰るのだろうと、思っていたが、そのまま家に居着いてしまいそうだった。あと一年で大学卒業だというのに。「父さんも母さんもまだ若い、家のことは心配せんでもええ」と諭す私たちに、彼は、「居心地いいから」と、言って、さっさと家の仕事の手伝いを始めた。今まで夫と二人だけで柿園、ぶどう園、養蚕業と稼働してきた私達にとって、若い労働力は魅力的だった。彼も本気で農業を継ぐと言う。喜んだのは夫だが、継ぐにあたっての長男からの条件があった。「テニスコートを造るための土地を貸してほしい。一面分でよい」と言う。唖然《あぜん》とする父親を尻目に、彼は更に言った。「農業も体質改善しなくては駄目だよ、巨峰栽培だけでは、時代に後れをとってしまう。テニスコートと結びついた、魅力ある農業経営をしなくては」と力説するのである。

長男の熱意に負けたのか、夫はコート一面分の土地を委託した。

それからの長男は、コート造りに一心不乱になった。たった一人で、唐鍬とつるはし、それにスコップと一輪車を頼りに作業に精を出した。愚痴《ぐち》も言わず、雨にも風にも負けず頑張っていた。ゆるやかな傾斜地のぶどう畑は、平坦地に地ならしをすると、高いところでは二メートル以上の段差が出来た。しかし息子は黙々と働いた。

見かねたのか、夫が手伝い始めた。ぎりぎりいっぱい反対していた私も、そんな彼等の姿に負けてしまった。しかし手塩にかけた「ぶどうの木」を抜くときは胸が痛んだ。長男の良き理解者は次男と娘だった。連休になると彼等は東京から飛んで帰ってきて、一輪車を押し兄を手伝った。また、冬、春、夏休みになると、テニスの仲間達、高校、大学の先輩、後輩も集まってきて、地ならし作業、フェンス張りなどに汗を流しながら手伝ってくれた。しかし、時たま訪れる大学の友人は「足立君、いいかげんに止めとけよ。この調子じゃ、コートが出来あがるまでには十年はかかるだろう」と忠告していた。

それもそのはず、崖を崩し、一輪車で土を運ぶのに一日中かかっても、わずか二十センチぐらいしか進捗しない。さらに、土の流出を防ぐために積み上げる石は、川原や山の奥から拾い集めなければならない。その量も一トン車で三百台は下らなかった。その石を使い、夫は素人とは思えない腕前で石組みを完成させた。長男と夫との約束は「コート一面分だけ」だったが、当時のテニスブームに輪をかけたのか、それとも長男の策略にまんまとはまったのか、コートは一年半で三面も出来あがっていた。

長男は大のテニス好きだった。彼は大学時代の夏休みに、バイトながら軽井沢でテニスのコーチをしていた。

そんなある日、軽井沢にお見えになられた皇太子（今の天皇陛下）ご一家のテニスのお相手に選ばれた。たまたま居合せた次男も誘われ、兄弟でお相手を務めさせていただいた。そうした経験も後押しして、ますますテニスに魅せられて、長男はラケット二、三本携えてオーストラリアにテニスの修業に出かけるまでになったのだ。幸運にも、メルボルンのクーヨン・テニスクラブで著名な、ドン・トレゴニング氏の指導を受けることができた。帰国した彼は、「田舎にテニスコートを持ちたい」という思いで、頭がいっぱいのようだった。そして学業を捨て、家に居着いてしまった。「農村から若者が出て行くのは、スポーツ等が充分楽しめる施設がないからである。年齢を問わず、みんなで楽しめるスポーツ、それがテニスなんだ」と、一途に思い、コート造りに夢中になった。そんな長男の熱意は、家族にも乗りうつってしまった。雨にも風にも人の噂にも負けず、こつこつと家族が力を合わせて造りあげたテニスコートは、完成までに一年半の期間を要したが、振り返ると長いようで短かったと思う。その期間中、長男は時折、夫や私にテニスを教えてくれた。地下足袋を履いて仕事着のまま未完成のコートでラケットを振る親子の姿は他人にはどう映っていたことやら。誰かが言っていたらしい「俺の家で働き盛りの親子がコート造りばかりやってたら、破産だし、家族は飢え死にだ」云々。

我が家だって、あり余る金はビタ一文もない。ないからこそ、家族が協力し助け合ってきたのだ。一年半後、コートはテニスをする人達の歓声に包まれていた。コートの横にはたくさんの果物の樹があった。柿、サクランボ、ビワ、巨峰、イチジク等、これらの果物は来園者の喉を潤してくれた。「どんなに疲れていても、ラケットを握ると疲れがふっ飛ぶ」とまで言うようになった夫は、生き甲斐が出来たと喜んでいる。

夫と吾子、足並み揃えローラ引く
秋陽やわらに吾をも包む

寄せ書

柿の収穫が終ったある日、二組の若夫婦を招き夕食を共にした。私は彼等に今の心境と将来の夢を書いて貰おうと箪笥の上に置いている箱を取った。箱の中にはぎっしりと「寄せ書」が詰まっていた。どんな事を書けばいいんだろう、と彼等は書く前に他の人の書いている巻紙を解いて読み始めた。そこでS君は、はからずも三十年も前に父親の書いていた寄せ書を見つけた。「えゝっ、これ父親が書いていたんだ」と。S君は筆を持ったままつぶやいている。親父にもこんな時代があったんだ、と寄せ書に書かれた「愛」の一文字を食い入るように見つめていた。私も箱の中の一巻を取り出し読み始めた。かなり前のもので紙も黄ばんでいる。読みながら私は吹き出してしまった。人懐っこいBさんの顔が浮かんできたのだ。Bさんは今でも周りの人達を笑いの渦の中に巻き込んでいるのだろうか、と。Cさんは「来年はいい人を見つけ結婚するよ」と書いているが、次の年には「きっと探すから指をくわえて待ってろよ」と訂正している。来る年も来る年も独身で出席のCさん。皆はCさんにエールを送っていたがその後Cさんからの便りはない。きっと、いい人にめぐり逢い幸せに暮らしている事だろう。

この寄せ書は昭和四十五年の正月から始めた。その頃、お正月を迎えると我が家は長男の高校時代のテニス部の仲間が集まって来ていた。年始ですか、と問われる事も度々だがそうではない「お酒呑みのリハーサル」かな。

呑んで食って座敷の床が抜ける程、はしゃぎ踊る。そんな例会だった。それも冬休み、夏休みと開催だ。彼等は東京から、大阪、北海道と鹿児島からも話題をいっぱい引っ下げてやって来る。先輩の中には就職した人も、彼女同伴の人もいる。そんな時は手伝ってもらえるので大助かりだ。何しろ、二十数人集って来るので私一人では無理、彼女同伴は大歓迎で私は大喜びだった。

夫も若い人達とお酒を汲み交わし語り合える事が大好きなので満面笑顔である。隣の部屋では童心に返ったのか相撲を取っている青年たち、スクラム組んでドラ声張りあげ唄っている組、廊下で酔いつぶれている人。トイレでは、ゲーゲーと苦しそうにもどしている人もいる。そんな人達を介抱しながら、私は同伴者が飲み倒れているので彼等の代わりに彼女達を自宅に送っていた。送りながら彼女達との会話が楽しかった。ドライな考え方を持つ女性たちもたくさんいたが、でも私はそんな彼女達が大好きだった。
私は例会のようにして集って来る彼等のため、丹念に墨をすり巻紙を用意して彼等を待った。最近では彼らも次々と卒業して就職。我が家の長男もオーストラリアにテニスの修業に旅立った。でも、いつの日か又きっと逢おうねとの固い約束もある。その寄せ書も十数巻たまっている。それは我が家の宝物でもある。と、同時に皆の青春時代の唯一の想い出の記でもある。家宝として大切に保管しておこう。

青春の想い出しかと書きしるし
寄せ書楽し遠き日の夢

第6章

ふるさとは春の色

ふと新幹線の車中で目覚めた。窓の外はまぶしい明るさだ。さくら、桃、菜の花、たんぽぽのじゅうたんを敷いたような美しさ、どこだろう、私は夢見心地だった。と、車内アナウンスの声「小倉」だった。九州だ。まぶしい程の春の色が私を目覚させてくれた。

私が故郷の駅を発ったのは十日前だ。今回の旅は夢多き旅であった。想い出せば数年前の事、私は第九回全国家の光大会に発表者で出場した。その折数名の各県代表者と意気投合、「この感激をもう一度」と固い約束をし、その仲間と虹の会を結成した。

一年に一度、各県の持ち回りでの情報交換を約束した。今回は福島県の会津若松だ。早春だとは聞いていたが至る所に薄氷が張っている。私が雄大な東北の山並みをながめていると、そばの座席の男性に声を掛けられた。「九州、福岡の人かね?」と。そして「福岡はバッテンの言葉だ

各県代表者による虹の会のメンバー６名。右端が筆者。

ろう」と、私は、すかさず、「そうだべー」と答えた。すると彼は「俺達無理して標準語使うことなかべー」と、私は大きな声で、「そうだ、そうだ」と答えた。身も知らぬ車内でこんな会話が出来るのも東北ならではだと心が和んだ。毎回、虹の会のメンバーも勢揃いだ。各自話題をいっぱい引っ下げて来る。語りは時間が足りない程だ。そして会う度に皆、若返っているのは何故だろう、とは皆の言葉だ。

次年度は私の受け持ち番だ。今から心ウキウキだ。こんな楽しみ、私のどこから生まれるんだろう。足どり軽く帰宅。あたふたと着替えて柿園に行った私は、えーっと言ったまま言葉が出なかった。園にはこれ見よがしに雑草が生い茂っている。夫が言った。「驚いただろう、これから草刈り大変だぞ！　現実ってきびしいだろう」と。私は何故か雑草が愛しかった。なぜだろう、私の心をつかんだふるさとの春の色がしっかりと私の心の中にしみついていたからだった。

凍てつける東北辞せば新春の色
ふるさとの駅われを迎ゆる

イヌフグリ草

親友から久し振りの電話だ。なつかしさ一杯だ。「元気なの」「元気よ」「今から来てもいいの」「もちろんいいよ、待ってるから」と言う。私は夫の運転する車に乗った。夫と連れ立って友人の家を訪問するなんて滅多《めった》になかった。友人の家に着くと夫妻が笑顔で迎えてくれた。久し振りだった。挨拶もそこそこに座敷に招じられ茶菓子の接待を受けた。「どうぞ、召しあがれ」と友にうながされて菓子盆に目をやると、お菓子の上に小さな野の花がそえてあった。なんと可憐な花だろう、とっさに私はその花を手にした。薄紫色の花は五分咲きだった。よく見ると、ききょうの花に似ているが緑の葉はビロードのようだった。葉陰には鉛筆の芯くらいの小さな蕾も見える。私は、その花に魅《み》せられてしまった。どこかで見たような気もするが想い出せない。しげしげと見ていると、御主人が「その花雑草なんですよ、道端にいっぱい咲いている、人に踏んづけられている雑草ですよ」と。

するとそばから友がつけ加えてくれた。

「イヌフグリ草よ。春に先がけ一番先に咲く花よ、次がスミレ草なのよ。今朝ね、散歩の途中崖っぷちに咲いていたので摘んで来たのよ、野の花って可愛いでしょう」と、目を細めて友は語る。イヌフグリ草、私はその名さえ知らなかった。私はその雑草に心うばわれながら、いつも変らぬ友の温かい人柄に頭を垂れていた。毎日の生活に追われっ放しの私の生活に、友と「イヌフグリ草」は「生活の中にゆとりを持ちなさいよ」と、呼びかけているようだ。数日後、私は柿園に出かけた。と、陽だまりに「イヌフグリ草」が一面に咲いていた。そうだ、この花を夕餉《ゆうげ》のテーブルに添えよう。夫は、息子夫婦は、孫達はどんな反応をしめすのだろうか。私の心はいつになく晴れ晴ばれだった。

イヌフグリ草　菓子にそえいてわれを待つ
友の心のやさしさ満ちて

第6章

金婚式のプレゼント

　宅配便が届いた。東京に住む娘からだった。大きな包みだ。以前娘が言っていた事を思い出した。「金婚のお祝いプレゼントを私今、手作りしているのよ」。居合せていた夫はその場で包みを解いた。「ふとんかな?」とのひとり言。とたん夫の驚きの声「おおっ凄《すご》い」と絶句している。私も駆け寄って見たが「わあぁ」言葉が出ない。それは紅白の小布を接ぎ合せて作ったパッチワークのベットカバーだった。二人で広げて見てさらに驚いた。ベットカバーの中央には私達の結婚写真そのままをアレンジした刺繍がしてある。夫は和装の式服。私は文金高島田の花嫁姿である。

　夫の顔は優しく私は緊張した面持ちで写真そっくりだ。開いた口がふさがらない、とはこの事を言うのだろう。そして周りには孫達や弟妹夫妻、従兄弟達からの祝辞、更には友人達からのメッセージが、一針ずつ各人の文字通りに刺繍がしてあった。そのまわりにきれいに配置された小布の数は千三百枚程あった。それを丹念に接ぎ合わせている。私はその一人一人からのメッセージを読みながら感動と喜びで胸が熱くなってしまった。

娘は言っていた。「仕上がるまで約一年半程かかったのよ」とも。会社経営の夫と三人の男の子を抱えた娘がどうやって時間をつくったのだろう。娘の忙しい生活を知っている私は喜びと同時に涙があふれて仕方がなかった。その娘からのパッチワークのメッセージには「お父さん、お母さんの娘に産まれた事、誇りに思っています」とあった。そのメッセージを読んだ夫の目にキラリと光る涙を私は見た。それから約一ヶ月後の事だった。娘からの電話だった。「お父さん達の元気なうちに海外旅行を一緒にしようと思ってね。急だけどカナダ旅行をしようよ。私が引率するから大丈夫よ、もう決めたの」と、驚く私を尻目に夫は有頂天になった。「お前が引率してくれるならOKだよ」と答えていた。あわただしい旅立ちであったが、夫の決断で親子三人の幸せな旅となった。

カナダではまず、ナイアガラの大瀑布《だいばくふ》を見た。目前に見るナイアガラの凄さに圧倒され言葉にならなかった。来て良かった！　私は感無量だった。次にコロンビア大氷原を見に行った。氷河を流れるひとすじの細い川。この川の水は「若返りの水だ」と説明された。観光客は我先にと手ですくって飲んでいる。私も夫と一緒に飲んでみた。若返ったみたいだと自信たっぷりに言う夫。健康であるということは、なんと幸せなことだろうか。

楽しい思い出を作ってカナダ旅行も無事終了。東京滞在を含め一ヶ月振りに帰宅した。と、思いがけなく朗報が待っていた。

私は当時、町の社会福祉協議会の役員だった。会議の内容は、今年は戦後五十周年を迎えるので、この年を契機に我が町でも金婚式を迎えた人達を行政でお祝いをしようということだった。しかし反対者の意見が出た。「なぜ金婚式の祝いを行政がするのか、それは子供達がすべき事ではないか」とか、「寡婦として生きた人達の対応は？」とか、金婚式直前に連れ合いを亡くした人達への対応は？　などの反対意見だった。

でも実際、行政で金婚祝賀会を実施している市町村もある。今年は戦後五十周年を迎える。今年金婚式を迎える人達の戦前、戦中戦後の生活は筆舌に尽くし難いものだと思う。そんな中を二人揃って生き抜き「村おこし町づくり」に努力して来た人たちではないだろうか。これを契機に行政でもお祝いしてあげたらどうか、このチャンスを逸《いっ》すると実現は不可能になるのでは？　と私は提案したのだった。その件で各区の区組長会でも検討され該当者調査も実施されていた。そして平成九年、吉井町社会福祉協議会主催の「第一回金婚式祝賀会」が開催されたのだった。対

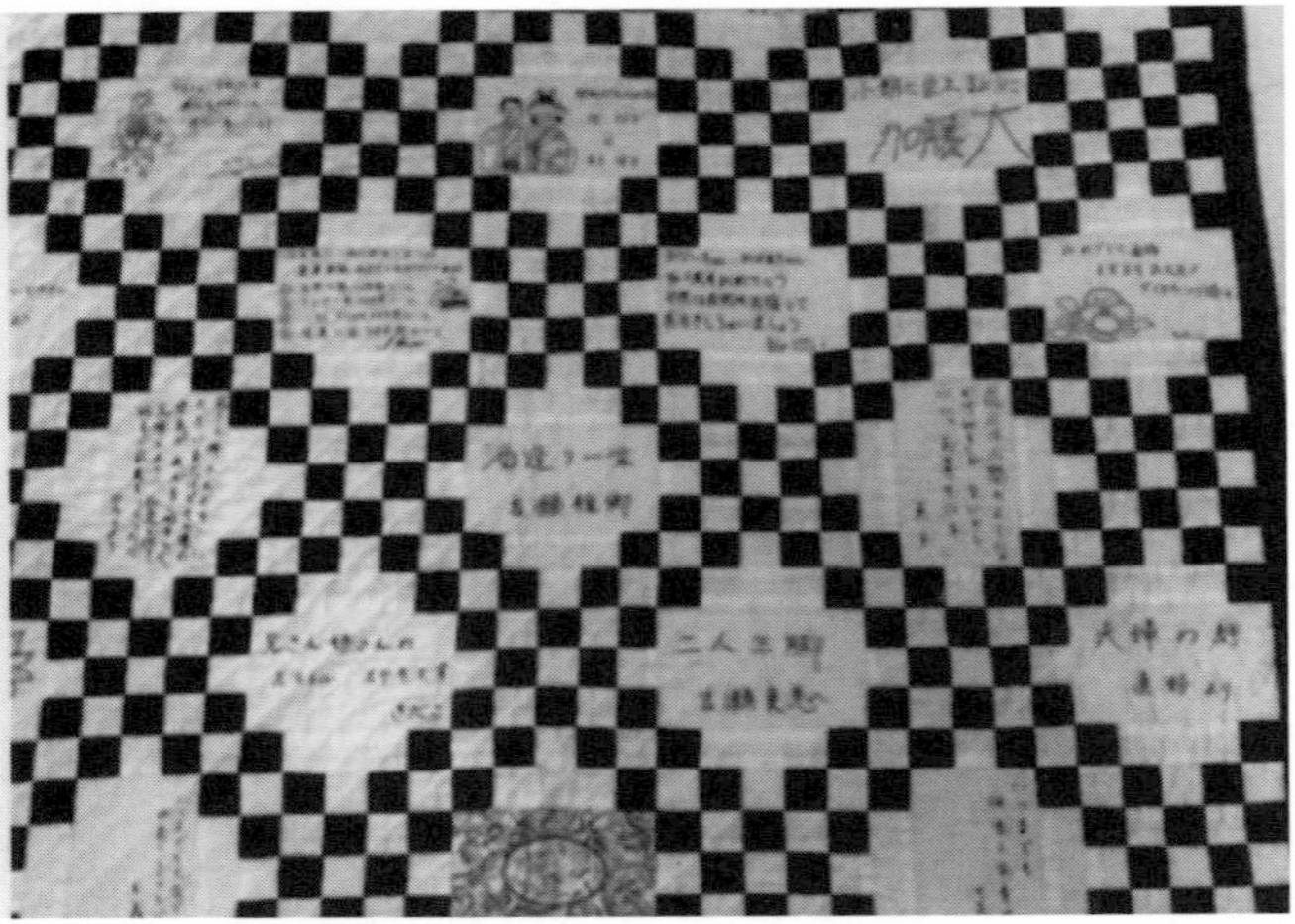

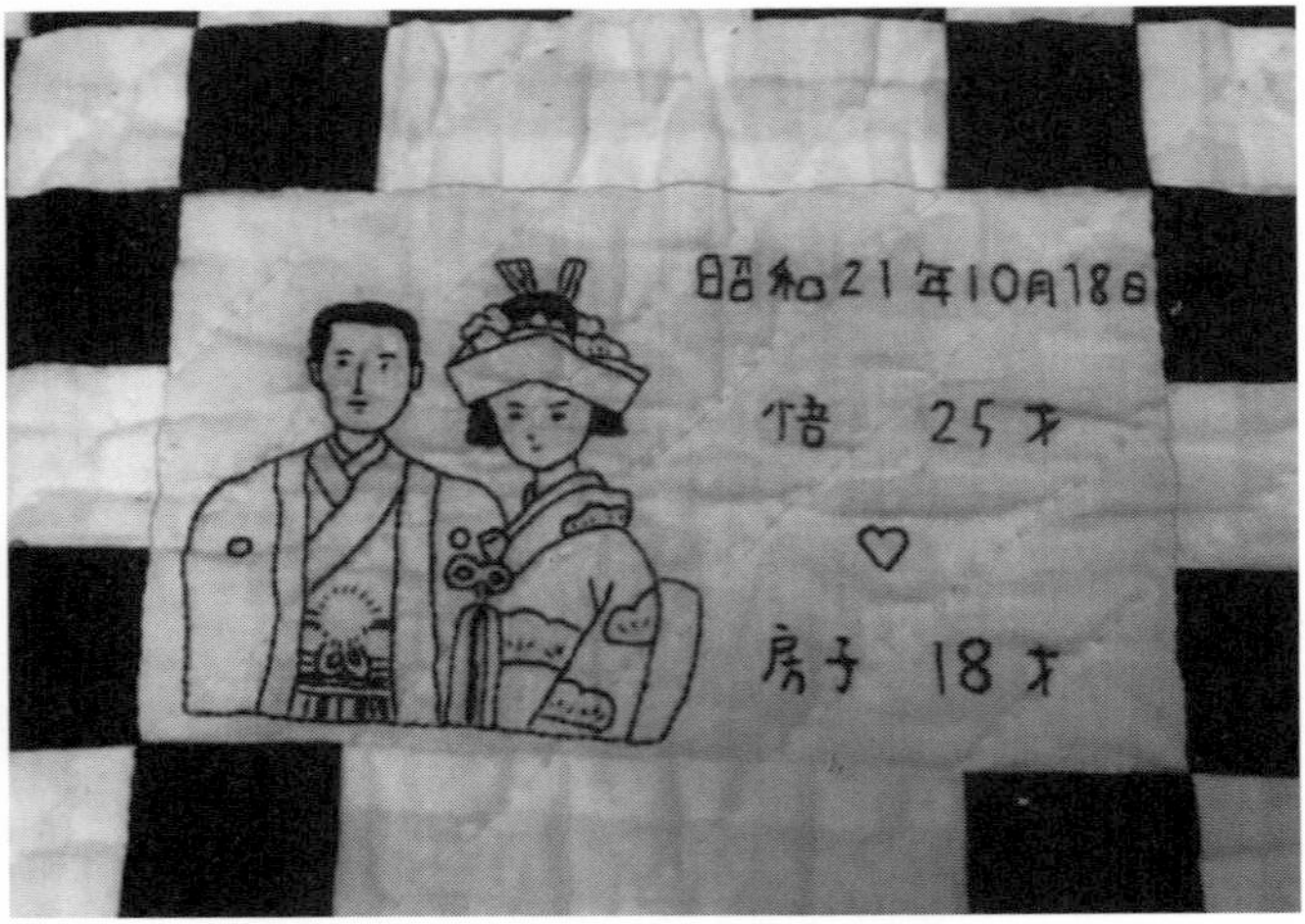
昭和21年10月18日
悟 25才
房子 18才

象者、百十名。今年度の対象者は八十名、前年度の対象者三十名で合同祝賀会として開催した。ＪＡでも対象者全員に記念撮影のプレゼントがあった。撮影会場では杖をついて来た夫人が夫と並んで椅子に掛けた時、感涙したと言う。いたわる夫の姿にカメラマンも感涙してシャッターを押せなかったという話も聞いた。私達も第一回の金婚祝賀会に該当者として出席させていただいた。

寄り添いて席に着いたる夫の背を
見つめる妻のやすらけき瞳

竹ぼうきの想い出

おばあちゃん、おはようございます。Nさんの明るい声だ。「はぁい、ただいまっ」と答えて私は大急ぎで作業服のモンペを穿《は》いて外庭に出た。「お待たせ」と言うと、Nさんは笑っている。「川魚がとれたので煮たのよ、おじいちゃん好きでしょう。持って来たのよ」と差し出した。「えっ！　今日は神社境内の掃除じゃなかったの？」との私の言葉にNさんはきょとんとした。先月で一年間の神社の境内掃除、終わったでしょうに、二人大笑いした。いつも掃除に行く時はNさんが声を掛けてくれていたので、掃除の日と思い込んでいたようだ。

私達の集落では決め事があった。それは、氏神様の祭事の世話を一年間だけ各班毎に、十八年サイクルで行う事だった。班員はだいたい六戸位だった。それは神社の祭事の世話と境内の掃除作業で、毎月一日と十五日は境内の掃き掃除の日だった。私はNさんの声を聞くとあわててしまうのだった。「まだ竹ぼうき持って掃除したいの？」とNさん。

一年間は、あっという間だった。過ぎればそう思える。当番が来るまではよく皆で話し合っていた。一年間って大変だよね、と。

だが、「竹ぼうき」を使っての境内掃除は楽しかった。おばあちゃんについて来て広い境内で駆け回って遊んでいる幼い子達。きれいな葉っぱを見つけて喜ぶ幼な子達の賑やかな声。時にはおじいちゃん達も来て下さり、日頃はこんなに語り合える事もなかったのに、境内ではお互いにゆったりとした気分になり、いいコミュニケーションも出来ていた。そして清掃作業の終わった境内を見渡すときのあの清々しさは何とも言えない。心が洗われそうだ。寒い時には日向《ひなた》ぼっこで語り合い、時間の経《た》つのも忘れてしまう程おしゃべりに花を咲かせた。暑い時には木陰に陣取り、お茶菓子をつまみながら時に、涙ながらに、私の気持ち分かってよ、と語りあったことで親睦が大いに深まったものだ。竹ぼうきを手にする時、私はしみじみとその幸せと喜びを感じる。

竹ぼうき持つ手休めて丸座する
話題はつきぬこころ開きて

大きな声で

平成20年

若葉がまぶしく光っている。私はさわやかな気分でハンドルを握る。と、夫が突然私に声を掛けた。「おい母さん、そんな大きな声でどうしたんだ?」と言う。習慣とはおかしなもので、私は車のハンドルを握るとつい大きな声でしゃべっている。「私の名前はフサ子。年齢七十五歳。安全運転をしています。踏切いったん停車、速度制限守ります。脇見運転致しません」と。

最近車を替えた。今まで乗っていた軽トラは十年ほど前、新車で購入した車だ。夫はよく言っていた。「この車の寿命と俺の寿命はどっちが持つかな」夫の口癖だったが、どうしてどうして現在八十二歳、元気で農作業をこなしている。車の方が、先にガタが来たので、買い替えた。

我が家に来た車は、中古車だが手入れの行き届いたきれいな車だった。私は三十歳のころ運転免許を取ったので、運転歴はもう四十数年になる。その間、一度も違反も事故もなかったことがささやかな自慢である。

「ありがとう、私も安全運転するよ。先月、高齢者運転の講習も受けたの。助手席には夫以外の人は乗せないと決めているのよ」初めてハンドルを握った車にしっかり約束をした。その声が大きくて夫はびっくりしたのだった。

私の日記

友人とおしゃべりに花を咲かせていると刻のたつのも忘れてしまう。いつしかお互いの夫の話に夢中になっている時もある。友は語る。年を取るとだんだんと夫との会話少なくなってくるね。ご飯ですよだけが会話って味気ないと思わない？　等々と話題はつきない。

私は結婚してからずっと日記を書いていた。一日の事をきちんと書かねば気の済まぬ私。たまに二、三日忘れていると、年かなぁと思う事もしばしばだ。だから、どんなに忙しくても日記はその日にきちんと書く事を肝に銘じている。夫も日記を書いている。と、「しまったぁ！　俺三日間も日記書いてなかったよ。お前の日記で教えてくれないか」と言う。私は「頭の体操だと思って考えて下さいよ」と。すると夫は「俺の年になると午前中の事さえ忘れてしまうんだよ」と威張って言った。おかしくて吹き出してしまったけれど年を重ねるとそうかもしれないと思った。私の使用し

平成14年3月31日　テニスコート内にて

ている日記は三年連続日記である。夫は東京に住む娘からのプレゼントの日記が大のお気に入りだった。それは十年日記だった。私と娘は、夫がどの位続けられるのだろうかと見守っていたのだったが、どうしてどうして一日の空白もなく今年で十年目を迎えているのだった。

凡帳面な夫は再度挑戦して娘に十年日記を依頼したようだ。夫は目に入れても痛くない程の愛しい一人娘だった。十年日記が続く限り私と夫と娘の会話は楽しく続く事だろう。

その後、私の日記に夫の日常が消えた。それでも日記は結婚以来、六十数年間書き続けていて、夫亡き後も今年で十年間続けている。夫のいない生活は寂しいと思う時もあるが日記帳に向かう時、私は最大の幸せを感じるのである。

今年もおろくどん

新春を迎えると私たち夫婦は、一年の計を立てると同時に、二人の合言葉を決めていた。しかし今年は、夫が千の風になって大空を駆け巡っているので、私がいくら呼んでも返事がない。それで、今年の合言葉は私一人で決めることにした。

ところで、私のニックネームは「おろくどん」である。三度三度の食事を作る人のことを「おさんどん」と言うが、私の場合は台所仕事のほかに、農作業をしているので、おさんどんの倍の仕事をこなすというわけで、「おろくどん」らしい。都会に住む妹たちが、「まだおろくどんやってるの？　歳を考えてよ」と、言葉をかけてくれるが、私はよくよく体を動かすことが好きな性分のようだ。体を動かし、少しでも頭を使えば健康のためにリハビリになると考えているのだ。

さて、合言葉だが、「目下恋愛中」にした。ただし、相手は草花たち。寒空に凛として咲く水仙の花が大好きだから、その水仙にあやかって、今年も気丈に「おろくどん」でいようと思っている。

鏡に向き合ったら

平成23年

久しぶりに東京に住む娘の家に滞在している。今朝はのんびりと鏡に向かった。「おや、頬がたるんでいるね」と気づき、両手でポンポンと頬を叩くと血色が良くなった。でも化粧っけのない顔はどこか寂しい。そこに娘からの声。「早く支度してよ。映画を見に行くのよ」と。「このままでいいよね？」と私。すると、「身だしなみを放っておくと気分まで老けるわよ」と娘に叱られた。再び鏡の前に腰を下ろした。

ふと、同年配の友の言葉が浮かんだ。「私は口紅だけはいつもつけているよ。顔が引き締まるし、気分も明るくなるのよ」そんな言葉に後押しされて、ファンデーションで頬をなで、口紅を引いた。鏡に映るわが顔にいつになく一人ほくそ笑んだ。まんざらでもないなと。

映画館に足早に歩く娘に遅れまいとついてゆく。ふと、ショーウィンドウのガラス越しに映ったわが姿を見てがっかりした。腰が曲がってなんと老いぼれた姿だろう。周りは山や畑ばかりの田舎では、自分の歩く姿など見たことはない。都会では否応なしに自分の姿が目に入る。背を伸ばして歩こうっと！　自分に一喝すると気分もすがすがしく足取りまで軽くなった。自分の姿と向き合うことを考えさせられた良き日だった。

第2部

第7章

しめ縄に想う

オーバーの衿を立て私は氏神様の石段を登った。新春だ。境内はしぃんと静まっている。ふと、見上げると、ふくいくとした新藁の香を感じた。大きな「しめ縄だ」。ずっしりとした重量感に急に身が引き締った　私はそのしめ縄に釘づけになってしまった。

神社と「しめ縄」とのかかわりは何を意味するものだろうか。どんな小さな石のほこらにも「しめ縄」は張られている。我が家のほこらにも「しめ縄」は張ってあった。そして年に一回、神官にきてもらって「おすす抜き」をしていた事を覚えている。年配の人にたずねると「しめ縄」は魔除けだと言う。私は事典を開いた。しめ縄は内外の境界又は出入の禁止に引き渡す縄、特に神前に引いて清浄な地を区画するのに用いるとある。

私はしめ縄を作る稲藁にも興味を持った。祖父は「しめ縄」に使用する藁は特別扱いだった。

良く伸び実りの良い稲穂を選び大事に刈り取っていた。脱穀のあとは、穂先の方を結い株元の方を開き良く乾燥させていた。薄緑色を保った稲藁を丁寧に選りすぐり、「しめ縄」用として他には使用しなかった。私は、なぜ「しめ縄」に藁を使うのかと老人に尋ねると、使い易いから使うんだよと、言った。農耕民族だった祖先の人達が、神を祭り、敬う証しとして社にしめ縄を飾ったのだろうか。そう考えると私は人間と藁との深いかかわりを感じた。神社の境内にたたずみ、飽かずにしめ縄を見上げていると満ち足りた気分になってくる。私は新たな気持ちで社殿に額づいて、パンパンとかしわ手を打った。

すがしさは、わがかしわ手の頼もしさ
境内にひびく静かなる朝

ジャングル風呂

晴天続きの毎日だったが、今日は朝から雨だ。よし、浴室の掃除をしよう。ここのところずっと晴れていたので農作業に明け暮れ、浴室の掃除はおざなりになっていた。私は張り切って浴槽をピカピカにした。出窓の掃除にかかると、出窓の隙間に細い蔓がしのび込んでいる。切ろうと思ったけど、まあいいかとそのままにしていた。翌日、入浴しようと浴室に入るとその蔓がタオル掛けにからみついているではないか。育ててみようと、私は天井に細いヒモを張った。翌日蔓は天井のヒモに届かんとしていた。私は嬉しくなって天井いっぱいに細いヒモを張り巡らせた。すると数日後、蔓は天井いっぱいのヒモを独占していた。蔓の正体は山芋だった。六月中旬、蔓は豆粒ほどの葉をつけ始めていた。子供たちが大喜びだ。麦刈り、田植え、養蚕の期間中、家族は山芋の蔓に興味津々だった。葉が茂り小粒の実をつけ始めた時の喜びは格別だった。夫は山芋の実に触らぬよう背をかがめて入浴している。孫たちは頬や背中を撫でられ悲鳴に近い声をあげ、それでも嬉しそうにはしゃいでいた。私は知人たちに声を掛け、ジャングル風呂の入浴を楽しんでもらった。皆んなの喜ぶ声を聞いて、私は近所に住むおじいちゃん、おばあちゃんたちにもジャングル風呂に入ってもらった。当時我が家の裏には、道路を挟んで共同風呂があった。入浴の順番待ちをしているおじいちゃんたちに声を掛けていたのだった。

山芋の蔓ありがとう。

家族の楽しい想い出づくりに一役買ってくれた山芋の蔓に感謝し、そしてお正月までもって欲しいなぁと。それは、私一人の気持ちではなく、家族みんなの気持ちでもあった。

夫や孫たわむれいつつ　湯浴みする
　蔓ののびたる山芋の湯殿

ボールを追う

早朝、水田の見廻りをして来た夫が稲の活着が良好だと機嫌がよかった。稲田を渡る涼風は人の心を和ませてくれるのだろう。

私も今日は作業衣を脱ぎ主婦業に専念しよう。そんな日、私は幸せを感じるのだった。その時、夫が出し抜けに出かけようかと声を掛けてきた。私は返事をしぶった。今日は家の中の整理整頓《せいとん》をしようと考えていたからだ。と夫がまた呼んでいる。おゝい、聞こえないのかーと。とっさに私は「おゝい」と言う名ではありませんよ、と言っていた。間をおいて夫は「長男のテニスの試合、見に行こうよ、お母さん。久し振りだ、美味《おい》しい物でも食べようよ」と言う、その言葉に私はうなずいた。

今日は、長男の友人方のテニスコート開きだと聞いていた。そこで長男が模範試合をするとかで夫は見に行こう、と言うのだ。連れ立って出かけた。駆けつけた会場はテニス愛好者でごった返しの賑わいだった。大勢の参加者に私が戸惑っていると皆さんは旧知のように親しく接してくれた。

長男の模範試合は男女ペアのダブルスで開始だった。案内された席にも、長男のスマッシュボールが飛んで来た。私は初めて長男の試合を観て興奮した。そして彼のテニスとのかかわりが容易でない事を知らされた。ボールを追う彼の必死のまなざしにも圧倒されていた。各地から参加した有名、無名のテニス愛好者たちの燃えるような闘志にも驚きの目を見張るばかりだった。双方に分かれてボールを打ち合う気迫の凄まじさ。試合終了後はお互い笑顔で握手を交わす、そのすがすがしさにも私は感動した。

試合の途中、ボールが観客席の方向に飛んでいった。ボールボーイが駆けてきて拾おうとした瞬間、観客席に入った。すると観客が拾ってボールボーイに投げ渡した。ボールボーイはそれを受け取ると、きちんと立ち止まり帽子を取り一礼し駆けて行く、その姿に私は感動した。私はスポーツ精神の奥ゆかしさと礼節ある態度に胸が熱くなってしまった。

すぐに感動、熱くなってしまう私の心を察知したのか夫が言った。「スポーツ精神って素晴らしいだろう」と言う。私もつい一言付け加えた。「スポーツ精神であれ、農業経営であれ、感謝の心を忘れてはいけませんね」。
ともあれ、私達の生き方の原点を見い出したような有意義な一日となった。

第7章

孫と子猫

外は、どしゃ降りの雨、すごい夕立だった。中学三年生の孫娘が帰宅早々「おばあちゃんお願い、村の下の橋のところまで車で送って」と言う。なぜ、と問うと「子猫達にごはんやってないからと言う。まさか捨て猫を飼ってるの?」、と私。「そうよ、可哀想だから養っているの」と言う。「カミナリ凄いでしょう、ばあちゃん運転怖くて出来ないよ」と言うと、「だったらいいよ、傘さして自転車で行くよ」。孫はきっぱりと言った。私は息子に声をかけ車を出して貰い私も一緒に乗った。ふと一ヶ月前の事を思い出した。孫娘が私に言った。「子猫飼ってもいい?」と。私は首を横に振った。「駄目よ、ベリーがいるでしょう。受験勉強だってあるし大切な時期でしょう」。と、孫は哀願するように言う。「おばあちゃん、子猫達放っていたら保健所に連れて行かれ殺されるのよ」今にも泣き出しそうな声だ。だが私の返事は「ノー」だった。あれから孫娘は村下の橋の下で子猫達を飼っていたようだ。孫の声を聞くと子猫達は喜んで出て来るらしい。我が家から、村下の橋までたっぷり五キロ位ある。

「ミャー」と孫の部屋から子猫の鳴き声がした。「だって子猫達ずぶぬれよ、ふるえているのよ」と孫はバスタオルでせっせと拭いている。両手に乗る位の子猫達である。余りの可愛さに私は思わず「抱かせて」と言うと孫は一匹の子猫を私の肩に乗せた。そのまま立ち上がろうとすると、孫はこの子も抱いてと言って手渡した。ゆっくりと歩きながら茶の間に行くと夫は憮然とした顔で言う。「しょうのない奴だ」と。私は夫に言った。「いいじゃないの孫の優しい心、飼ってあげましょうよ」。

学校の行き帰りに子猫達を一ヶ月余り飼っていた孫の心のいじらしさ。その優しい心が嬉しかった。子猫達は、そのままベリーとも仲良く暮らし続けている。

給食のパンおやつ残しおき
　仔猫を見てし孫のいとしき

鈍行列車の旅

深夜、電話のベルにあわてて受話器を取った。「おばあちゃん、駅に着いたけど終電車なんだ。迎えに来てほしいんだけど」と、東京に住んでるはずの孫の大君からだ。「駅って、どこの駅なの」よく分かんないけど「久留米」って言ってるよ。えーっ、我が家から久留米までは約二十キロ位ある。大急ぎで息子の運転する車で私も迎えに行った。我が家に着いたのは午前一時過ぎだった。「なぜ、どうして、こんな時間になったの？　おばあちゃんちの近くに吉井駅ってあったでしょう。そこで降りれば近いのに」と言うと、僕の乗った電車、この久留米駅で終電だったんだと言う。そして孫は「僕、東京から久留米までたったの三千円で来たんだよ」と言う。私は驚きながら「なぜ、どうして」と矢継ぎ早に問いながら良からぬ思いがよぎった。でも孫の表情は明るい。「切符見せてよ」の私の言葉に、彼はおもむろにポケットから「青春18きっぷ」を出しながら説明してくれた。この切符はね、一万二千五百円だよ。五日分利用出来るんだ。一日、二千五百円の乗車賃だよ、と語ってくれた。もちろん、普通乗車券限定だと言う。東京から久留米駅まで「二十六時間かかったんだよ」と語りながら、孫の表情は明るく旅の疲れは全く感じられなかった。「あのね、おばあちゃん、鈍行だから景色もゆっくり楽しめたよ。そしてね何にも作ってない田畑いっぱいあったよ。なんでだろう、とか、山の段々畑にはミカン園いっぱいあったよ。海岸線はとっても気持ち良かったよ。驚いたのは今でも黒のゴミ袋使っている処もあるんだね」等々と、見て驚いた事を私に次から次と語ってくれた。その後彼は、二、三日間の九州ローカル線を楽しんで我が家を後にした。

午前四時、ねむい目をこすりながら私は、「百八十センチ」の孫の背丈を見上げながら「若さって素晴らしいなあ！」と、孫を見送った。

東京の高校生の農業体験

突然、東京に住む孫からの電話だった。

「おばあちゃん、夏休みに友人達と来てもいい?」と。「いいよ、農業体験のためなら歓迎するよ」と私の返事。都会に住む孫や高校生達に農家生活や農業を体験するには良いチャンスだ、と私は思ったのだ。「うん喜んで」と孫の声も弾んでいる。でも私は少々不安だった。彼等は高校三年生。大学の受験もひかえているのに大丈夫だろうか。その事を孫に告げると大丈夫だよ、と明るく言う。「おばあちゃん、友達は三人来るよ」と弾んだ声だった。

そして夏休みに彼等は元気ハツラツ勇んでやって来た。

その日は「柿の消毒作業」を計画していた。早速、作業開始だ。彼等は真新しいＪＡの帽子をかぶり作業衣に着替えた。初めての農作業体験。身長百八十センチもある彼等。誰の目にも立派

高校生の農業体験。

な農業後継者のように見える。彼等は、とても素直で夫の話を真剣に聞いていた。

今までは、夫と二人での消毒作業だったので作業は一日中かかり疲れ果てていたが、彼等と一緒の消毒は半日で終わった。それは作業の手順を彼等は良く聞いてくれ、覚えも早く、消毒の折のホースの手さばきも上手だったからだ。園内での自動車の移動、消毒液の補充等。園内は広いのでホースが枝に引っかかると右往左往する事も度々だったが人手が揃うと、こんなにも作業はスムーズに運べるんだと、痛感した。消毒が済むと彼等はきちんと後片付を手伝い、終わると元気よく川泳ぎに出かけた。

そして魚釣りまで楽しんで、釣果まであった。彼等は田舎の自然を心から楽しんだようだ。彼等から柿の木に何個位実るのか、柿一個の価格は、一人の労働代は、などの質問を受けた。とっても楽しい一日だった。その後彼等は無事大学生となり、一人はカリフォルニアに旅立った。今は、そんな彼等からの手紙を楽しんでいる。

第8章

臨機応変だよ

平成24年

息子がホストファミリーとして登録し世界各国から来るウーフ達を我が家で受け入れるようになった。ウーフとは、有機農業を学びに来る人たちに食事と宿泊場所を提供する代わりに、労働力を提供してもらう仕組みで、お金のやりとりのない人と人との交流でもあった。私は、そんな人達のために日本料理にこだわり、特に料理の盛り付けには彩りを考え、食器も何種類も揃えていた。

現在、我が家には五人のウーフ達がいる。とても賑やかだ。私は各国から来るウーフ達との語らいが楽しくて彼等の食事作りを一人で受け持っている。いつだったか私は夏風邪をひいてしまった。彼等は私を心配して夕食は私達にまかせて下さい、ゆっくり休んで下さい、と、それらしき言葉を各自思い思いに言ってくれた。その頃の私はウーフ達とは食を通じて国際交流をしなければ、と一人気負っていた。

だから毎回の食事作りには持別、気を遣った。でも年の故か風邪をつかまえてしまったようだ。その時我が家にいたウーフは、台湾の男性ジェリーと女性四人だった。

そこで女性が二人ずつペアを組み食事を作ってくれた。一組はアラスカのシャーロットと香港のチョン。もう一組は上海のウーキとハンサン。アラスカのシャーロットは、料理器具一式を大きな旅行バックに入れて持って来ていた。彼女は、日本のホテルで働きたいと私に話していた。夕方、彼女たちは息子の運転する車で食品の買い出しに行った。その夕方のキッチンの賑やかな事。各国の言葉が入り交じり、私には全く聞き分けることが出来なかったが皆楽しそうだ。「おばあちゃん出来たよ、食べよう」と声がかかった。居間に入った私は驚いて声が出ない。全く雰囲気が違っていた。テーブルの上には所狭しと大きな鉢に盛りつけられた料理の数々、スプーンにナイフにフォーク。私は、目をパチクリするばかりだった。それを囲む若い人達の満面の笑顔。私は思わず両手を叩いてサンキューと叫んでいた。少しは日本語のわかる人もいて、片言で料理の説明と食べ方を教えてくれた。　言葉は通じなくても心はお互い通じ合える事を、身をもって私は知った。

日本料理にこだわり、一品ずつ皿に盛りつけていた私の料理だったが、このように大皿に盛りつけ皆で食する事の楽しさを私は初めて感じた。「こだわりを捨てよう臨機応変が大切だ」。おばあちゃんはウーフ達に教えられる事が日々多いのだ。

我が家にいる各国の人達とのふれあう事の素晴らしさを、この年になって初めて感じ、私は人類に国境はないんだと、しみじみと思った。

いつになくはしゃぐ吾におどろきつ
フォーク使うも楽しさのあり

ベルギーのジャバキス一家

明日ベルギーから親子五人来るよ、と、息子が出し抜けに言う。私は戸惑った。

現在、我が家には香港から二人の女性がいる。ベルギーから来ると七名だ。翌日には、イギリスから一名の予約があり。我が家族三名を加えると十一名だ。我が家は古い民家だ。皆の部屋割を考えた。まず若い女性二名を別棟の二階にしよう。別棟は土蔵だ。

一階は、ピザ工房だ。トイレも完備している。ベルギーの家族は離れにしよう。そんなに広くはないが親子五人くらい大丈夫だ。各人の部屋割をしたので幾分ほっとした。

翌日ベルギーから来た男の子は一才九ヶ月のバージュムと小学生のアントニーだ。二人は私を見てにこっと笑った。その笑顔の可愛いこと。遠い国から来た一家、どんな思いだっただろう。きっと疲れたであろう。私は、とびっきり明るい声で「お帰りなさい！　お疲れさまぁ、元気だ

ったね」と彼等を迎えた。父親は旅行着を脱ぐと外庭に出た。そして息子が準備していた大型のプールに空気を入れ水を張った。大喜びの男の子二人はプールに飛び込んだ。二人は旅の疲れも吹っ飛んだようだ。私は高い椅子をプールのそばに置き飛び込み台にしてあげた。外庭は賑やかになった。ベルギー一家の宿泊中は晴天続きで、アントニーとバーシュムはプールで遊んだ。翌日、父親のジャパキスが息子に言った。絵を描きたい、絵の具と畳くらいの大きさの板を用意してほしい、と。すぐに息子は調達した。ジャパキスは画家だと言う。その日の夕方の事だった。我が家の裏の道路が賑やかだ。人通りの少ない道路なのに。その時、柿園の仕事を終え帰宅した息子が、大声で私を呼んでいる。急

いで行くと、ジャパキスを囲んで集落の人達が集まり賑わっている。みんな言葉はわからずチンプンカンプンの会話だが、なんだか和気あいあいだ。ジャパキスは土蔵の道路沿いで絵を描いていた。そして事もあろうにモデルは私だった。

前日来日したばかりのジャパキスの描いた私の顔が誰の目にもそっくりだった。

集落の人達とジャパキスを囲んでの会話は、とっても楽しそうだった。言葉の違いなんて全く関係ないようだ。凄いね、そっくりだよ。ジャパキスの満足そうな笑顔が集った人達をより楽しくしたようだった。　そんな時、一人が言った「本当にそっくりだよ、でもちょっと顔のシワが少ないね」に皆大笑いだった。

夕方、皆がブルーベリー摘みから帰宅すると息子の出番だ。息子はバーシュムを背中に乗せると腹ばいになって座敷を這った。バージュムの喜ぶ声は皆を幸せにした。

母親のジュリーの妹、メアリーは東京大学の客員講師として日本に来ていたが、大学の夏休みのため、一緒に我が家に来ていた。ある日、彼ら八名を息子は阿蘇山に連れて行った。大喜びだった彼等は、クッキーをお土産に買って来てくれた。翌日、小学生のアントニーは私に絵をたくさん描いてくれた。その絵は、日の丸、新幹線、富士山。そこにはきちんとアントニーのサインが入っていた。

やがて、ジャパキス一家とのお別れの日。なぜかバーシュムは私のそばを離れない。私はバーシュムの手を引いて散歩に行った。花を摘んだり、きれいな小石を拾ったり、歩き疲れると我が家のそばの用水池に行き小石を拾って投げる。小石はポチャン、大きい石はドボン。喜々としてはしゃぐバーシュム。愛しさが募る。帰国するアントニーとバーシュムとの別れがこんなにつらく淋しいものか、と彼等を見送りながら涙を止めることが出来なかった。

手を取りて　幼と歩けばせせらぎの
音に交わる靴音楽し

アラスカの女性ジョー

ジョーは十九歳、可愛い娘だ。十二月上旬、突然我が家に来た。当日の予約は日本人男女二名だった。出迎えた私にジョーはぺこりと頭を下げた。彼女は予約していた日本人男女と一緒に仕事をしていたようだ。ジョーは彼等の後について我が家に来たのだろう。彼等もジョーがついて来るとは知らなかったらしい。ジョーは全く行く所が無いようだ。日本語もしゃべれない。可哀想だ。我が家に泊める事にした。

翌日は寒い日だった。男性は柿の剪定作業に出かけた。女性は柿の乾燥柿を作るための柿の皮むきだ。するとジョーがねむい、と目をこすりながら哀願する。「こたつでお休み」と私は両手を肩に置き「おねんね」のポーズをとると大喜びでこたつにもぐり込み寝てしまった。ジョーは日本語が使えない、私はジェスチャーで接するより仕方ない。

翌日の夜半だった。私は就寝していた。その夜の十二時過ぎ、オーストラリアの男性二人がジョーを訪ねて来た。息子が応待すると、泊まる所がないと言うので入れてやったと言う。翌朝、彼等の食事を大急ぎでこさえた。日本語が使えないジョー、寒そうにしているのでホカロンあげようと言っても分からない。私は貼ってあげようと、コートをめくって驚いた。ジョーは肌着なしで薄いセータのみだった。ジョーはアラスカ人なのだ、寒い国だから暖房完備の生活だったんだろう。寒そうにしているのは二人の男性も同じだった。だが、ホカロンはいらないと言う。彼等はフードつきのジャンバーを重ねて着ていた。おしゃれなのかジャンバーは色とりどりに組み合せて着ていたのに驚いた。

彼等五人分の食事作りは大変だった。身体が大きく食欲旺盛だ。三日間居候だった彼等は「おばあちゃん大好き、食事美味しい」と抱きついてくる。大変だったけど彼等にいとおしさを感じる。

私は今年米寿を迎えたんだ、彼等の世話が出来る事に感謝する日々である。

　抱き合って別を惜しむウーフとの
暮らしに慣れていつしか五年

さよならベン

ブルーベリーの最盛期は真夏の七月～八月で、じりじりと照りつける太陽に汗びっしょりになる季節だ。朝の涼しいうちに園に出かけ作業開始だ。照りつける太陽を受けての摘み取りはブルーベリーが傷みやすいので毎朝五時ごろ出かける。畑は山麓にあるので風の涼しさも格別で鼻歌が出そうにルンルン気分である。ブルーベリーは他の果物に比して小粒なので摘むのに手間暇がかかる。そして一粒ずつ手で摘む作業は根気がいる。陽が高くなる前に帰宅。すぐに選別にかかり、大粒、中粒、小粒に分類しパックに詰める。すべて手作業だ。

その日私は一人で選別、パック詰めをしていると、「こんにちはぁー」と声をかけて一人の男性が作業場に入って来た。どうも見覚えのない外国人である。おやっと思う暇もなく彼は私のそばの椅子に掛けた。そして無言で私の詰めたパックを手に取り器用にパックにテープを留め始めた。慣れた手つきだ。彼は一言もしゃべらない。ただ、ひたすら作業を続けている。「誰だろう」と思いながらも私は忙しく声を掛ける余裕もない。その時、息子が作業場に来た。そして、「お母さん良かったね、ベンに手伝って貰って」と言った。「えーっ、ベンなの？」道理でテープの留め方が上手だと思った。「ごめんねベン、有難う」。言葉が通じたのかベンの笑顔はとびっきり嬉しそうだ。ベンは一週間我が家でブルーベリーの収穫を手伝っていた。が、三日前、韓国に行かねばならないと我が家を後にしたのだった。息子がベンの言葉を詳しく訳した。ベンも日本語が使えない。

息子の話では、ベンの韓国行きが延期になって困っていた事を知り、我が家に来るように息子が言ったらしい。その頃、集落では農山道や水路の整備などの作業を計画していたのでその事をベンに話すと、ベンはお世話になった集落なのでボランティアをします、と言ってすぐに駆けつけてくれたらしい。そしてベンは翌日から息子の作業衣を着て軽トラックに乗り作業現場に向かった。

ニューヨーク育ちの彼は日本の田舎の生活にあこがれて我が家に来た、と言っていた。当日は、夕方まで集落の人達と作業をして夜の慰労会にも参加した。有難う、お疲れさまの言葉を受け大喜びだったようだ。そして二次会は我が家に集落の人達がどっーと来て大賑わいとなった。そん

な時、ベンが息子に「腕相撲をしたい」と言って二人で組み合った。

さあ、応援合戦。ベンについて来た台湾の女性リリーや、ベルギーの女性達も加わり応援合戦は国際的になった。息子の応援も負けられない。こんなに和気あいあいの応援合戦も初めてでとっても楽しかった。二十八才の若いベンと息子の取り組みは息子の圧勝だった。勝っても負けても拍手喝采。歌って踊って語り合い、夜の更けるのも忘れて国際交流の輪は広がった。

数日後、ベンは集落の人達との別れを惜しみながら空港へと向かった。息子がベンを車で送った。

我が家を辞する時、ベンはいつ覚えたのか、「おばあちゃん、ありがとう　さようなら」と言って、いつまでも手を振っていた。

「ベン元気でね、又逢いましょう、きっとよ。待ってるから」と私は精一杯叫んでいた。

ひと言の　覚えし言葉　おばあちゃん
　しきり手を振る　青空の下

サルバドル夫妻

夕食が済んだので今宵は食卓を囲んでの勉強会をした。今夜のメンバーを紹介しよう。香港の女子大生シシリアーと、ステイシー。イギリスの女子大生はセーラーだ。その中で日本語を使えるのは香港のステイシーだけだった。皆の通訳をしてくれるので大助かりである。今夜は息子が所用で出かけるというので私が先生役となった。と言っても八十四歳のおばあちゃんの私である。語学の勉強会という名目だが、世界各国から集った人達なので、言葉もまちまちで話が全く噛み合わない。チンプンカンプンだ。いつしか勉強会と言うよりおしゃべりに花が咲いていた。そこで私は提案した。彼等は食事の後の「ごちそうさま」の発音が苦手のようだった。そこで「ごちそうさま」の発声練習を提案した。が各人、廻わらぬ舌に大笑い。

学習会が盛り上っている時、息子が帰宅した。すると隣には外国人の男女が立っていた。驚く私に息子は言った。「この前話していた人達なんだよ」と、でも私は年のせいかすっかり忘れていた。彼等は、中南米から来た夫婦だそうだ。男性は大きなリュックを背負ったまま突っ立っていた。その髭面《ひげづら》を見て私は「おさるさんみたいね」と思わず言った。彼は、すぐに自己紹介をした。「名はサルバドルです」と、私は思わず吹き出してしまった「名前までおさるさんだ」と私が言ったので皆大笑いだった。サルバドルも髭面《ひげづら》に似合わず、とても優しい笑顔が素敵な男性だった。奥さんも人懐っこい人で立ったまま「妻のヒセラ」ですと挨拶した。いつもなら、私が玄関に出て「お帰りなさい」と言って出迎えていたのに今夜は息子と一緒に勝手口から来たので戸惑いもあったけど、笑いの渦の中で彼等を迎える事が出来たのだった。

ちょうどその時、東京から里帰りしていた孫娘が二才の男児（ひ孫）を連れて里帰り中だった。サルバドルは子供好きなのか、そのひ孫をひょいと抱き肩車に乗せて外庭の散歩を始めた。背の高い髭面男の肩に乗りながら最初は不安そうなひ孫だったが、そのうち嬉しそうにはしゃぎはじめた。プールでもよく一緒に遊んでくれた。もちろん我が家の仕事のブルーベリー摘みも皆と一緒に出かけた。ヒセラもとっても明るい人だった。彼等は新婚さんだ。そのとき我が家は大世帯になっていた。ベルギーからの一家の五人も来ていて食事の用意が大変だったが、料理好きのヒセラがいて本当に助かった。

食材の買物は息子の運転だ。そのあとは皆でテキパキと料理を作る。私が会議等で出かける時も笑顔のＯＫサインのジェスチャーで私を送り出してくれるのだった。彼等は十日間我が家にいた。「おばあちゃん、ありがとう、さよなら」と片言で言った髭面のあの笑顔が忘れられない。そのあと彼等は韓国に行ったのだが、韓国に着いた時も携帯で知らせてくれた。ちょうどその日のことだった。西日本新聞にサルバドル夫妻が我が園でブルーベリー摘みをしている記事と写真が掲載された。その事を電話で息子が告げると大喜びだった。彼等は「今、韓国で結婚一週年記念を祝っています」と楽しそうに語ってくれた。国際交流って何でこんなに私の心を幸せにしてくれるのだろう。

髭面が笑っているよ肩ぐるま
幼児はしゃぎ、しかと抱きつく

アレーとミゲル婚約旅行

スペインから来たウーフとの別れは我が町の吉井駅だった。彼等は久留米駅から新幹線で広島、神戸、大阪、奈良、東京、仙台を縦断し北海道までの旅行を計画しているとの事だった。彼等とは男性ミゲル、女性アレーのカップルで婚約者同士だと聞く。ミゲルは六年間スペインでエンジニアとして働き、蓄えたお金で一年余り彼女のアレーと婚約旅行をしていると言う。彼等は韓国で知りあったサルバドル夫妻から、日本の福岡に行くんだったら絶対「ジャパニーズばぁちゃん」のいる家に行くようにと勧められたと言った。そこでミゲルは早速パソコンで我が家の息子に電話を入れたらしい。最初は断っていた息子も「来たい」と何度ものメールに心打たれ断われなかったと言う。そんなわけで我が家に来たのだった。彼等の滞在は一週間余りだった。言葉はあまり通じなかったが明るい二人に大笑いする楽しい毎日だった。ある日アレーが「ポテトオムレッツを作りたい」と言って、たっぷり二時間かけて作った。私達もスペイン料理のオムレツを食したが出来立てのオムレツはとても美味しかった。私は彼等から度々楽しいパワーを貰っていた。私は彼等に回らぬ舌で言ってみた。「ポテトオムレツ、デリシオーソ（美味しい）グラシャス（ありがとう）」と。その言葉に二人の嬉しそうな顔が忘れられない。今私の手元には、アレーがプレゼントしてくれたブレスレットが笑顔のように私の手元で揺れている。それは、アレーが自分で使っていたブレスレッドだったが、それをはずして私の手首にかけてくれた。大事なブレスレットに違いないと私は思った。わずか一週間の滞在だったが彼等の明るさ、優しさに触れ、別れる時はまるで孫を見送るような淋しさがこみあげて来て涙を拭く事が出来なかった。おばあちゃん、美味しい、ありがとう。

見つめれば笑顔のごとくブレスレット
　わが手に揺れて幸みちる

コウモリの宿

真夏だけど早朝は涼しい。「おはよう」と土蔵の二階の部屋より起きて来て外庭に立っている阿部さんの声が弾んでいる。彼は私を見るなり「おばあちゃん、僕夕べはコウモリと一緒に寝たんだよ。」と言う。「えっ！　まさか、あのコウモリ君、戻って来ていたの？」と、私は驚いた。土蔵にすみついていたコウモリは、移り変りながら五十年、いや六十年位はすんでいたと思う。が最近、道路拡張のための工事で我が家の土蔵の周りの樹木は全部切り倒されてしまった。百年以上は経っていたであろう渋柿の大木。同じ年代の柚子の樹。土蔵を覆うように伸びている数本のシュロの樹そして雑木等も跡形もなく切り倒されてしまった

丸裸のようになってしまった土蔵。急に明るくなった土蔵にはすみにくくなったのか、コウモリは姿を消してしまった。息子は明るくなった土蔵の二階にホームシアターを造った。そして近

所の子供達を招いて映写会を開いていた。なぜか、そんな日にはコウモリが土蔵の二階の部屋に来ていたらしい。子供達は映画を観ながらもコウモリの出現に大喜びだった。だがコウモリの里帰りは一日だけだったようだ。翌日子供達が「おはようコウモリ」と声をかけたけどいなかったと嘆いていた。

我が家の土蔵は以前は穀物の貯蔵庫だったがいつの間にか物置同然になってしまっていた。息子は、世界各国から来訪するウーフの人達の為、二階を改造して簡易ベッドを置き宿泊者を迎えた。その後コウモリは人が集る時に姿を現すようだ。古巣が恋しいのだろうか、私にはコウモリの習性は分からない。が、二階の宿泊者第一号の阿部さんは、その夜コウモリと一緒に宿泊していた。彼は今秋イギリスに二年間留学すると言う。その前にもう一度コウモリに逢いに来ると言うが果たして逢えるだろうか。明るくなった部屋はきっと苦手なんだろう。私の目に焼きついたコウモリ君、両足を天井にぴたりとつけて憩《いこ》うのだろうか。もう一度じっくり見たいよ。いとしのコウモリ君。帰って来てよ。

この城が住み慣れし我が家と決めいしに
明るくなった新居を去りゆき

ラージンの家族

今にも降り出しそうな空模様だ。イギリスから親子四人来るかも知れないと息子が言っていた。そのとき、「こんにちはぁー」と玄関で明るい声がした。急いで出ると親子四人が玄関に立っている。皆身長が高い。子供は男の子二人だ。小学校高学年と一年生位かなと思った。父親の名はラージン。母親はジャスティン、二人の男の子は兄ラーベン、弟はアッシャー君だ。日本は初めてだと言う兄と弟。二人は日本の家屋と庭が珍しいと言って早速外に出て元気に飛び廻っている。父親のラージンは、我が家の息子と英語で親しく語り合っている。母親のジャスティンは日本語が全く話せない。困ったなぁ、私はこの家族とどのようにして接すればいいんだろうかと心配だった。

彼等親子は、私たちは日本語を勉強して来たと言った。私が兄のラーベンに知っている日本語は、と聞くと、「こんにちはぁ」とにこにこ顔で言う。息子は父親のラージンに、トイレ、バス、キッチンを案内した。さて、親子の住む部屋をどこにしたらいいのか彼等を案内し決めて貰う事にした。私が良いと思った部屋は別棟の子供部屋だ。広いから良いと思った。この部屋はフィンランド人の親子が使っていた部屋だ。先ずお風呂が近いし、キッチンも近いと思ったけど、彼等が選んだ部屋は別棟の土蔵の二階だった。離れているが親子でゆったりと過ごしたかったのだろう。土蔵の一階はピザ工房になっている。ここだったらトイレ、洗面場もあるし部屋も広い。ベッドは三台ある。ベッドのまわりには、ふとんも敷けるし勉強用の机だってある。畳の部屋も空いていたけど馴染めないと言う。我が息子は、子供が女の子ばかりだったので男の子と接するのが楽しみのようだ。そして父親のラージンとは子供達の事を良く語り合っていたようだ。

二、三日すると兄弟は少しずつ日本語を覚えてきた。「こんにちはぁ、おはよう」。そして昼だろうと夕方だろうと外出から帰宅すると「こんにちはぁー」と声をかけてくる。兄のラーベンは母屋が好きらしく、ほとんど母屋に来て私のそばにいた。そして食事の用意が出来ると茶の間の食卓に上手に運んでくれる。食事の後片付けも兄のラーベンはキッチンの流し場まで運んでくれた。

二人は茶の間が気に入ったのか日中はほとんど茶の間に入りびたりだった。「こたつ」も好きだった。二人仲良くテレビを観たり、おやつを食べたり仲の良い兄弟だった。私が部屋に来ると二人は私にチョコレートをくれる。キャンデーを食べている時私が「美味しそうね」と声をかけると二人はにこっと笑って私の手の平にキャンデーを載せてくれた。その顔を見ていると、まるで孫、いやひ孫のような気持ちになってしまうのだった。

両親は別棟の二階にいるのに、子供たちはいつも茶の間にいた。二人はなぜか私のそばにずっといた。

ある日、父親のラージンが施設研修で一日出かけた。もちろん我が家の息子が案内役だった。母親のジャスティンが我が家の夏柑でマーマレードを作ろうと言う。私も手伝って習おう、と思ったけど二人共全く言葉が通じない。しかし見よう見まねで言葉は通じなくても美味しくきれいなマーマレードが出来た。私達は手を握り合って喜んだ。そしてなにより嬉しいことは、男の子の兄ラーベンと弟のアッシャーが私の作る三度の食事を美味しい美味しいと言って喜んで食べてくれる事だった。私の一番の幸せである。だからおやつでもなんでも皆で分け合って食べた。その頃はすっかり打ちとけていた。言葉は通じなくても温かい心は通じるのだ。私は自信を持って言える。

ラージン一家の滞在は一週間の予定だったが父親のラージンが柿園の中にあるグラウンドゴル

フ場の看板を描きたいと言うので十日間の日延べとなった。我が家の柿園の中には、手作りのグラウンドゴルフ場がある。そこには、訪れたウーフ達が思い思いに描いた絵がたくさんある。十メートル程もある大型の天幕に一日がかりで描いた絵もある。それらの絵を見ると元気になる。ラージンも、柿園に咲き誇る草花の絵を看板用に描いてくれた。そして彼らが帰った今、その絵を見る度にラージン一家の事を想い出す。母親のジャスティンは帰り際「花の苗」を私にプレゼントしてくれた。二人の男の子は私にプリンを各自手渡してくれた。別れがこんなにつらく、淋しいものとは思わなかった。「さよなら、バイバーイ」。彼らの姿が見えなくなるまで必死で手を振り続けた。さよなら、ラーベン、アッシャー。二人の笑顔が今も忘れられない。

童話の世界

おばあちゃん、「こ、れ、お、いしい」と、片言でやっと言えるようになったアラスカ人シャーロット。彼女に私も笑顔たっぷりにうなずく。シャーロットは英語の教師だと言っていたが日本語はよくしゃべれない。そんな時、日本語の上手な女性「チョン」がいた。香港人だ。私達の会話をだまって聞いているのは台湾人の男性ジェリー。彼は北京語や中国語は得意だが、やはり日本語は難しいと頭をひねり考えているようだ。そして今、日本の小学二年生の国語ドリルで勉強中だと言った。私はふと思った。そう言えば「ごちそうさま」を上手に言えなかった人、誰だったっけ？ に、シャーロットも大きな目をパチクリさせて大笑いだ。

息子がウーフ達のホスト役を務めているが、生活を共にしていると異国の人という感じがしなくなる。言葉はお互いにぎこちなくても驚く程心は通じ合うのだ。

翌日の事だった。玄関のチャイムが鳴っている。急ぎ行くと髭面の大男が二人立っていた。あっけにとられた私は言葉が出ない。と、息子の言葉が頭をよぎった。「外国の人達が来たら彼等を優しく迎えてほしい」。そうだったと、私は彼等を笑顔で迎えた。「いらっしゃい。お帰りなさい」と、明るく大きな声をかけると彼等も喜んで愛嬌たっぷりに「こ、ん、に、ち、わぁーよろしく」と頭を下げた。二人はアフリカ人だった。笑顔は素晴らしかったが身長の高さにびっくりだ。私は彼等の脇の下にも届かない。「さあ！　どうぞ」と言ったけど彼等はなぜかもじもじとして家に上がろうとしない。彼等は畳の部屋が珍しいのか、戸惑っているらしく立ちつくしている。

私が再度「どうぞぉ！」と言って手を差しのべると彼は靴を脱いで静かにあがってきた。私が、ほっとしたのは彼等はひげ面に似合わず幼児のような笑顔だったこと。その時、私のひ孫が遊びに来ていた。ひ孫は物珍しそうに顔を出した。すると髪面の一人が笑顔でひ孫を抱き肩車に乗せた。驚いたひ孫だが男の子だったので泣かなかった。折も折、ベルギーから親子四人も来ていたので急に賑やかになった。ベルギーの子等は二人共男の子で、すかさずアフリカ人のもう一人の髪面のウーフも、ベルギーの幼な児を抱き肩車に乗せた。子供たちは皆大喜びだった。肩車に乗せた大男は、二人揃って外庭に出て皆で駆け回った。「まるで、おとぎの国の童話」私はそんな気持で彼等を見ていた。

スーさんの焼き飯

「ただいまぁ」。大急ぎで勝手口の戸を開け駆け込んだ。マレーシアのスーさんは茶の間でテレビを見ていた。「ごめんね、スーさん。遅くなって。病院がすごく混んでたのよ」と詫びながら、「お腹すいたでしょう、これ食べてよ」と、スーパーで買い求めたインスタントの食品を差し出した。すると、「僕、もう食べたよ」と言う。「えっ、何を?」「焼き飯を作ったんだよ。おばあちゃんのも作ってるよ」。見ると、テーブルの上に、大皿に盛ったチャーハンがあり、スプーンまで添えられていた。驚いて、「ありがとう」と言い、あとは、言葉が詰まってしまった。

スーさんは大学生で、ウーフとして我が家に十日間の予定で滞在していた。日本語がペラペラで、卒寿を迎えた私との会話もスムーズでとても楽しい。私が病院へ行った当日、家族は誰もおらず彼は一人で留守番をしていた。「おばあちゃん、焼き飯どうだった? 僕、料理するのが好きなんだ。見よう見まねで作ったんだよ」と言う。私は、彼の優しさに胸が熱くなってしまった。国際交流というより、私とスーさんの間には、祖母と孫のような心の通いがあった。一生忘れられない焼き飯の味、幸せの味だった。

ベルギーのローラとの再会

「おばあちゃん、いる？　会いに来たよ！」大きな声だ。しかも勝手口からだ。「どなた様でしょうか」と問うと、彼女、満面の笑みを浮かべ、「五年前来ていたベルギーの」と言う。「ああ、ローラなの？」「覚えていてくれてありがとう」。ローラも大喜びだった。あまりに美人になっているので分からなかったのよ、と私。二人は抱き合って喜んだ。彼女は今日本に来ていて日本語の勉強中だとか。知り合った人の家に今晩宿泊するとかで、その家に行く途中、ふと吉井町の看板を見て、思わず車中で大声を出したと言う。「吉井のおばあちゃんに逢いたい」って。そしたら「送ってあげましょう」ということになり我が家に来たというのだ。夜にはまた迎えが来るという。つかの間の逢瀬だ。五年前の事が、つい昨日の事のように想い出されるのも不思議だった。この歳になってこんな嬉しい事ってあるのだろうか。私の胸は熱くなった。

で、ローラ、明日の予定は、とたずねると、S家を辞したら「東京のしげ子の家に行くのよ」と言う。えーっ、まさか私の娘の「しげ子」の家なの。「そうよ」どうして知ってるのと問うと、五年前、私が成田空港から帰国すると言ったら、「しげ子の家教えてくれたでしょう。その時一泊したのよ。それから、ずーっとメールを交換しているのよ」と言う。「もう連絡しているのよ。これから会いに行くのよ」それを聞いて私は嬉しかった。地球は一つなんだ。人類に国境はないんだ。こんな田舎のばぁちゃんにも、心満ちたこんな幸せがある事を私はしっかりと抱き締めていた。

ドイツの女性リサちゃん

こんにちはー！　外国人の第一声はいつも明るい声から始まるようだ。私も決まり文句で「こんにちは！　お帰りなさい」と声を掛ける。リサはドイツ人。大学を出て二十三歳だと言う。日本語を勉強したが日本語はとても難しいと言う。でも私にとっては相手が少しでも日本語を使えるのは嬉しい事だ。息子は、何度か柿の収穫に連れて行ったが、柿の木にクモがいたと大声をあげて怖がると言う。リサは「おばあちゃんの手伝いが大好きだと言って私のそばを離れない。そんなある日、私はストーブに掛けていたやかんをひっくり返して右足に火傷《やけど》をしてしまった。するとすぐにリサが冷凍庫にあった中華料理用の豆腐をビニール袋に入れ、私の足にしっかりと当ててくれた。リサは、まだ我が家の勝手を知らないのにすぐに応急手当をしてくれたことに私は驚いた。大きく水泡が出来たところを冷やす事で私はずい分と楽になった。リサは、家族の誰よりも私の面倒を見てくれ何かにつけて「おばあちゃん、足大丈夫、無理しては駄目よ」と声をかけてくる。私の一日をちゃんと見守っているようだ。少しはリラックスしなくちゃ、と声をかけてくれるのもリサちゃんだ。いつしか本当の孫のような気持になってしまうのだった。あと一週間でリサちゃんが帰国する。リサちゃんのいない日々は淋しさが倍増するだろう。でも、お別れの時の事は考えたくない。リサちゃんのお土産用に「乾燥柿」をいっぱい作っている。おばあちゃんに逢いにまた来ると、約束してくれた。

ミャンマーの女性三人来る

玄関のチャイム鳴る、大急ぎで出るとミャンマーから来たという女性が三人立っていた。

私はおかえりなさいと明るい声で迎えた。と、すぐに抱きついてくる彼女達、そのスキンシップも私は嬉しい。女性三人と聞いていたので甘いお菓子と果物を準備し、チョコレートも添えた。

ミャンマーは暑い国だと聞いていた。我が家に到着したのは一月中旬だった。当日は快晴で穏やかな日和だったのでほっとした。

彼女達は元気溌剌《はつらつ》だった。出迎えた私は、九十歳のおばあちゃんだ。彼女達がまぶしかった。

リーダーのマーラーは三十二歳「柔道のコーチ」、ミャー二十八才とヌエー十九才は空手のコーチだと聞く。初対面の時ミャーが、つと私のそばに来て私を抱き空手の技を見せた。三人の女性達の屈託《くったく》のない明るさ、すぐに皆とも打ち解けた。が、三人共日本語が全く使えない。すると、ミャーが携帯電話のようなものを私に見せた。そして、これに聞けばミャンマー語で答えてくれるよ、と言う。とりあえず、ミャーの事をたずねたがチンプンカンプンの答え。その上勝手にしやがれとの暴言。今度はマーラーに聞いて言葉を発したけれど全く駄目だった。ミャーも、もうあきらめて機器を置いた。

彼女達は入浴は絶対しないと言う。バスタオルを持たせシャワーの使い方を教えたけど知ってる、と言う素振りだ。シャワー使ったの、浴室から出て来たミャーに聞いたけど、うなずくだけだった。そのまま部屋に入り「一人言」を言っているようだった。息子が部屋に来て言った。ミャーは「お祈り」をしているんだ。彼女等とどう接していいのか、全く分からない。でも彼女達は、私の手料理をおいしいと喜んで食べてくれる。そして、ホテルよりここの家がいい、おばあちゃん大好き。そして味噌汁お美味しい。料理も美味しい。と息子に言ったらしい。言葉はあまり通じないけど良く抱きついて来る彼女等に愛しさを感じはじめていた。

いよいよお別れの日が近づいて来た。明日帰国となった。お別れパーティを我が家で行う事にした。息子自慢の手作りピザをふるまうことにした。

農産物の貯蔵庫だった土蔵を改造しピザ窯を作った。夏は涼しく冬は暖かい。

お客さんが来ると、息子は自慢の腕をふるってピザを焼いた。その二階をウーフ達の宿泊所に

ミャンマー女性三人来る。

していた。

今夜もきっと大勢の人達が集まって来るだろう。私はかしわ飯のおにぎりと吸い物を作ることにした。案の定、ピザハウスに差し入れを持参するとやはりそうだ。大入り満員だった。外国人に交じって、近所の子供や青年の顔もあり椅子が足りなくなっていた。そして立っている人たちも美味しそうにピザを頬張っている。

こんな古い土蔵にどんな魅力があるのだろうか。息子は人が大好きなんだ、だから人が集まってくるのだろう、私も人が大好き。私とミャンマーの女性は土蔵が人でごった返しだったので、先に母屋に戻った。と、ミャンマーの女性が携帯で音楽を流した。その曲はミャンマーで皆が唄っている曲だと言う。驚いた、曲は千昌夫氏の『北国の春』だった。私の好きな曲だ。ミャンマーの彼女と声を揃えて唄った。いつの間にか息子も顔を出し皆で合唱した。世界に国境なしだ。言葉も不要だ。こんなに心が一つになるなんて。

翌日彼女達は帰国した。別れがこんなにつらいとは毎回同じ想いだった。その時ミャーが自分の腕にはめていたブレスレットを私の手首にそーっとはめてくれた。

礼儀正しいイギリス人カダン

早春だ。三月の声を聞くと日ごと春の足音が聞こえるようだ。さあ！　柿園の中のグラウンドゴルフ場の石垣の草取りをしよう、と私の心は弾む。我が家のグラウンドゴルフ場兼、柿園は七十アールの敷地だ。が、その園は段地である。その石垣の草取りは私の仕事だ。除草剤は散布しない。ただ黙々と私は一週間程かけて草を抜いてゆく。草取りを終え、見違えるようにきれいになったその石垣を見る時、私の心は何故か満ち足りてくる。遠い祖先の心を偲ぶからだろう。私も振り返ると七十年近くこの園の石垣を守って来たと言えるだろう。現在の石垣の草取り作業は、草刈機に強力な紐（ナイロンカッター）をつけて遠心力で草を刈ってゆく。私は一本一本手で抜いていく。

良く晴れた日だった。イギリスから一人の男性、カダンという二十三才の大学生がウーフとして来た。「今日は。お邪魔します」と丁寧な挨拶だ。

カダンは玄関で履き物もきちんと揃え部屋に上り和室の居間に正座した。

今まで長い事、ウーフ達を迎えて来たけど、カダンのような人は初めてだった。彼の後に一人の男性がついて来ていたが、カダンの連れなのか、彼は全く言葉を発しない。四十歳位の男性だ。

カダンは正座したまま、息子と私に丁寧な言葉で挨拶し、ちっちゃな包みを差し出した。そして、「イギリスのつまらないお茶ですが、お飲み下さい」と言った。

私は「嬉しいな。イギリスのお茶ですって、有難う」と受け取りながらカダンに言った。「カダン、つまらないお茶ですって言ったら駄目よ。お茶は手間暇かけて摘み、仕上がるまで大変なのよ」と。そしてお互いニコッと笑った。その瞬間カダンと心が通じたようだった。

やがて、息子とカダンは意気投合したのか二週間余りのスケジュールの話とか、新しく購入したコンピュータ等の使い方をカダンに聞いたりしながら、仲よくいつも一緒にいた。

カダンは二週間の滞在だった。息子と一緒にテニスに行ったり視察研修だ、と言っては出かけたりしていた。私も二人の幸せそうな後姿を見送りながら満ち足りていた。そして、二週間は、あっという間に過ぎた。息子とカダンの交流は仕事よりも出かける事の多い社会勉強の日々を通して、二人の仲は深まっていたようだった。

そんな中でカダンはいつも、おばあちゃんおばあちゃんと呼んでくれていた。二人の心は、いや息子に言わせると、三人の心はバッチリだったよ、と言ってくれる。

こんな素適な出逢いをありがとう、私はようやく慣れてきた「ハグ」をカダンにした。

花を生け私を待つマシュー君

「えーっ、アメリカの男性が明日来るの？」現在シンガポールの女性も滞在中だった。私が彼等に気を使うのは食事だ。

国が異なれば食生活も違う。いつも私は食事に一番頭をいためる。

ところで我が家は何故か、一度ウーフとして来訪した人達が、行くところがなく困っている人達に声を掛け、我が家を紹介しているのだ。「日本のフサ子おばあちゃんの家に行くといいよ」と言って、息子の携帯番号を教えているようだ。ウーフが我が家に一人の時は良いけど三人もいる時は大変だ。でも息子の携帯に、行く所がないのでよろしく、と再三再四の電話がかかってくるので、断り切れなくなって引き受けているらしい。「お母さん、かわいそうだったから引き受けたよ」こうして我が家に来るウーフ達は数知れない。正規のウーフ達は午前中に来るのだが、彼等は夜半だったり早朝だったりと全くおかまいなしの訪問だ。でも全く知らない日本に来た彼等の事を想うとかわいそうになるのだった。

そんな時私は思う。国は違っても同じ人間同士ではないか、彼等と生活を共にする事により学べる事も楽しめる事もあるだろう、と。私は外国の人達との生活を気にしない事にした。言葉はチンプンカンプンで通じなくても、心はしっかりと通じ合っている事を知った。人を愛しウーフ達との心のふれ合いを大切にしよう。日本のおばあちゃんの名に恥じないようにと心にしっかりと誓った。

そんな時だった。アメリカからマシューが来た。マシューは日本が大好きだと言った。そして日本の田舎が好き、文化も勉強したい、と言う。翌日、私は定期検診で病院に出かけた。私は朝食抜きの検診だったが、彼等の昼食はきちんと用意して出かけた。が、帰宅は午後もかなり遅かった。「ごめんね、遅くなって」と言う私に笑顔の二人は、「ごはん、おいしかった」と私を喜んで迎えてくれた。お疲れ様、ありがとう、と声をかけると後片付けもきちんと済ませていた。

ふと気付くと食卓のテーブルの上にいっぱいの生花が生けられていた。

「これ、おばあちゃんのお花だよ」。たどたどしい言葉だがマシューの笑顔が、生花そっくりそのままの笑顔だった。

こんなに嬉しい事って、私は涙を抑える事が出来なかった。国は違っても言葉はちぐはぐでも心はお互いに通じ合っているのだ。とっても心豊かなマシュー君との出逢いだった。

この花はばあちゃん帰り待ってたと
　マシューの活けし花がほほ笑む

上海の女性は江上さん

孫の結婚式を終え東京から我が家に帰宅すると、「フサ子おばあちゃん待ってましたあ！」と抱きついてきた彼女。「一体この人誰っ？」と想っていると、私の知らない外国の女性だった。息子が言った。「上海から来ているウーフの江上さんだよ。おばあちゃんに逢いたいと言って帰国を日延べして待っていたんだよ」と。でも私は全くそんな事を知らなかった。

彼女は上海の人で名前は「江上」と言う。結婚していて「姓は中林、名は江上」だった。日本語も上手で仕事もテキパキとこなす素適な女性だった。翌日、彼女は私と柿園の中にあるグラウンドゴルフ場に行った。すると彼女は私を皆の憩いの場である大型ハウスの中に連れて行った。ハウスの中をピカピカに掃除をし、食器棚も本棚もきれいに整理整頓してくれていた。「江上さん、あなたがいてくれて良かったぁ、ありがとう」。私は彼女に抱きついて礼を述べた。

彼女は、柿園の中の芝生がとても気に入っていて時折、芝生の中の草も取っていたようだ。

翌日の事、彼女に上海に住むご主人から電話があり、所用のため日本に来るから一緒に帰国しよう、との事だった。

当日は、隣県の日田市で年一回の盛大なイベントが開催されるという事で、中林夫妻も喜んで息子夫婦と一緒に出かけた。私は、明日帰国する江上さんの事を想っただけで淋しくて淋しくて涙が自然に流れ落ちた。

江上さんは、上海に帰国したらみんなの憩いの家を造るんだと言った。「半年位で出来るのでおばあちゃん絶対来てよ、私迎えに来るから」。江上さんは私に固い約束の指切りをした。私は、卒寿を迎えた。海外旅行は自信がなかった。江上さんは、時々日本に帰国する夫の中林氏に依頼して、上海の特別なお祭りの日にだけしか作らないという「お菓子」を私に贈ってくれる。

現在、江上さんは立派なお子さんに恵まれ、家族揃っての海外旅行の写真も送ってくれる。卒寿を迎えた私の心に、江上さんとその夫である中林氏の温かさがしみじみとしみわたる今日この頃である。

平和っていいよなあ

「平和っていいよなあ！」平和の二文字が私の心を優しく包む。戦中戦後を生きてきたからだろうか。

私には終生変わらぬ信条がある。それは、「国の礎は家庭の平和にあり」だ。そんなわが家に、ウーフという交流の取り組みで、各国から、いろいろな人達が来るようになった。

戸惑う私に息子は言う。お母さん、彼等を優しく気持ちよく「お帰りなさい」と迎えてほしいと。小柄な私は彼等の身長と体格に圧倒されるが、彼らは髭面に似合わず愛嬌たっぷりで「こんにちは！　よろしく」と頭を下げる。とたんに私の緊張感は緩むのだった。身ぶり手ぶりでお互いに噴き出すこともしばしばだが、心はしっかりと通じ合っているのだ。米国から来ていた女性は、「おばあちゃんに会いたい」と言ってわが家に二度も来て、私の手伝いをせっせとしてくれた。彼女が帰国するとき私は彼女と手をたずさえて親娘のようにして空港まで見送った。アメリカ人の彼女だが、背丈が私とほとんど変らなかった。手をつないで歩いていると、後ろ姿はまるで日本の親子のようだ。

空港の搭乗口に近づくと、彼女が階段をのぼりながら大声で叫んだ。「さようならー、世界一大好きな日本のおばあちゃん」と、びっくりするような大声で叫んでいる。　切なくて涙がボロボロ流れた。

英国から来た青年は「つまらない物ですが、イギリスのお茶です」と言って息子に小さな包みを渡した、彼は礼儀正しい青年だった。そんな彼の口からゆかしい日本語を聞くとは、胸があつくなった。外国から来た若者たちが、日本に溶け込もうと努力している姿を見るたびに、私の心に平和という文字が浮かんでくる。お互いの国の文化を理解し、尊重する努力を惜しまなければ、世界の平和って案外近くにあるような気がする。

おわりに

卒寿を迎えた

令和元年

せせらぎの音さわやかに卒寿なる
吾祝いしか岩にしむ音

今朝はなぜだろう。いつも聞いている、せせらぎの音がこんなにさわやかに聞こえるとは。

「良く頑張ったね、立派な農婦になれたよ」と亡き父が言っているようだった。

嬉しかった。このまま田んぼまで歩いて行こう。亡父の言葉に後押しされたかのように足取りは軽かった。そこには、きっと小鳥や雑草達が私を待っているだろう。我が家の田んぼは棚田だ。整然と段差を守り我が領域を保守している。私は見晴らしの良い畦に腰をおろした。チ、チッと小鳥達はさえずり、私の頭上を飛び回っている。草花は雑草におおわれているが、宿根はしっかりと地中に根を張っていた。

「ばあちゃん来たよ」と小鳥たちに声をかける。さらに私は大きな声で言った。「ばあちゃん卒寿を迎えたんだよ、凄いだろう、ばあちゃん元気だからね。これからも、いっぱいお話しようね」私は堰《せき》を切ったように草花にも声をかけていた。

吹きつける風は冷たいが私の心は幸せで温かい。これからはいつものようにここに来れば、小鳥や草花と語り合えると思うとその喜びがふつふつと身体いっぱいにみなぎってくる。楽しみを持つと、勇気と幸せが一緒にやってくるようだ。

卒寿を迎えた私の朝のひとときであった。

さえずりは　花舞うごとくチチチチと
吾浮かれて一と日楽しむ

発刊に寄せて

娘より

その日、母から大量の原稿用紙が送られてきた。自分史を作りたいという。いきなり届いた二百枚もの原稿用紙は、細かい字でびっしり埋められていた。前から書くことが好きな母だったが、時間があると机に向かい書き溜めてきたらしい。

母には母の歴史がある。取るに足らないような小さな歴史かもしれない。でもたった一つ、母だけの歴史。私の知らないこともあるだろう、一つずつひも解いてみようと思った。

農家に嫁いだのは十八歳のとき。ひ弱な体で、慣れない農作業に苦しみながらも、徐々にたくましい農婦になっていった母。

三人の子供を育てながら、汗水たらして働きやっと手に入れた畑だったが。こどもの学費の為に、手放さねばならなかった。その日のことを詠んだ母の歌は私の胸を打つ。

吾子のため　学資とならんこの畑に
　立ち去りがたく　月の影踏む

農家の嫁として、一農婦として、母として、妻として、一心不乱に働いてきた母。農業をこよなく愛し、一番の憩いのひとときは、田畑の草取りの合間に畔に座って短歌を詠むことだった。夫（私から言えば父）を数年前に亡くしたが、本当にオシドリ夫婦だった。

母の歴史は父なしには考えられない。二人で築いた「二人だけの思い出」と言う名の宝。今回、私は母の書いた文章や、短歌を通してその大切な宝に出会えた。

わだかまり　解けやらぬままに　柿ひとつ
　夫に背を向け　ねんごろにむく

今となっては微笑ましいこんな夫婦げんかも、その宝のひとつだ。

令和元年、母は九十歳を迎えた。

今では孫八人、ひ孫は十四人。そして世界中にたくさんの血のつながらない孫もできた。幸せな人生だと思う。

「まだまだ人生はこれからよ」と息巻く母。この先もその調子で人生楽しんでね。母の歴史はまだまだ続く。頑張れ、母さん！

足立　フサ子　（あだち・ふさこ）

昭和４年（1972年）福岡県浮羽町生まれ

43年より吉井町農協婦人部部長、理事等歴任

平成４年、石鹸工房開設

平成４年「繭玉の詩」家の光出版社より発刊

平成10年、「せせらぎの詩」家族編出版

平成28年、短歌集「畔に咲く花」文芸社より出版

土に生き 土にかえらん

2020年１月14日　初版発行

著　者 ―――――― 足立　フサ子

定　価 ―――――― 本体価格 1,000円＋税

発行所 ―――――― 株式会社　三恵社

〒462-0056

愛知県名古屋市北区中丸町 2-24-1

TEL 052-915-5211　FAX 052-915-5019

URL http://www.sankeisha.com

ブックデザイン ――― alcreation

ISBN 978-4-86693-118-0 C0092 ¥1000E